Parliamo insieme

COMMUNICATION ACTIVITIES IN ITALIAN

Julie Docker

Initial collaboration:
Deborah Thawley

Language consultant:
Anna Ravano

CAMBRIDGE
UNIVERSITY PRESS

Published by the Press Syndicate of the University of Cambridge
The Pitt Building, Trumpington Street, Cambridge CB2 1RP
40 West 20th Street, New York, NY 10011–4211, USA
10 Stamford Road, Oakleigh, Melbourne 3166, Australia

© Cambridge University Press 1994

First published 1994

Printed in Great Britain by Scotprint Ltd., Musselburgh

A catalogue record for this book is available from the British Library

ISBN 0 521 35656 3   paperback

Cover design by Pauline Barnes

Illustrations by Sharon Pallent
Picture and copyright research by Maureen Cowdroy

Acknowledgements
Thanks are due to *Il Corriere della sera* and *Il Corriere della salute* for permission to
reproduce copyright material.

Every effort has been made to contact the following: *L'Espresso, Grazia* and *La
Settimana enigmistica*.

The publishers would be glad to hear from anyone whose rights have been
unwittingly infringed.

Thanks are due to the following for permission to reproduce photographs:

page 72: (1) and (2) Dave Thompson/Life File; (3) and (6) Tim Fisher/Life File;
(4) Emma Lee/Life File; (5) Andrew Ward/Life File.

page 73: (1) and (4) Nicola Sutton/Life File; (2) Tim Fisher/Life File; (3) Jon
James/Life File; (5) and (6) Keith Curtis/Life File.

Indice

Introduction

These communication activities have been designed to give students of Italian the opportunity to speak the language freely, using the structures they have already learnt. In an activity students may conduct a survey, play a simple detective game, or take part in a scenario where they negotiate the best buy in a flower shop. Preceding the activity are language structures, vocabulary and exercises so students are sufficiently 'warmed up' for the activity proper. Each activity should last between twenty and forty minutes and is designed to be done in pairs or small groups. During the activity students should not worry about making mistakes as this is part of the learning process. Having a dictionary at hand would be a help and students can be encouraged to ask the teacher for advice.

The author has addressed the students collectively with **voi**; however, teachers will want to encourage students to use the forms of address appropriate to the situation. The form of address will naturally depend on whether the structure is being used in a formal or informal context – sometimes the scenario will dictate that students use **tu**, sometimes **lei**. It also depends upon the students themselves – students in sixth forms and colleges may use a different form when addressing each other from that used by adults at evening class.

The activities are graded for the first two years of language learning, have elements of surprise for creativity and should build up confidence. The author has at times given a variety of structures of varying difficulty in the one activity, so that teachers can decide which level suits their class. For example, in *Posso dare una mano?*, if only the articulated prepositions have been taught, the students may limit themselves to **Dove metto i piatti?**, **Nell'armadio** and leave out more advanced structures like **Li tengo nell'armadio**. It must be stressed that the students should know the grammar structures and vocabulary well before embarking on an activity and should know which form of address they need to use. At times a written follow-up has been suggested where the students are given a written exercise based on the activity and where they will try and make the language as accurate as possible.

Acknowledgements

While the idea to put together a book of communication activities was my own, *Parliamo insieme* began as a collaboration between Deborah Thawley and myself. In the early stages of the book's making we invented activities together or contributed our own successful ones. I am very grateful to Deborah for her initial contribution. It was left to me to invent the exercises preceding every activity, to invent more activities and to put the book together. I was encouraged in this by Carol Sanders, who closely read the first draft and offered excellent advice, and by Dino Bressan, who suggested different types of exercises. I am grateful to them both.

I am extremely indebted to Anna Ravano, who as language consultant and friend made an enormous contribution to this book.

I am thankful to the editors of Cambridge University Press for their help, support and advice. I am also indebted to the language consultants working with these editors, in particular to Nia Griffith, who gave excellent advice.

Parliamo insieme reflects my having worked with many students over the years on an activities approach. I am deeply indebted to all my students for their patience and forbearance, and also for their humour and enthusiasm.

This book is dedicated to my nephew, Toby Atroshenko.

Julie Docker

1
I gusti sono gusti

Strutture

> **!** *Use* **piacciono** *with plural nouns.*

le arance   *oranges*
l'aglio   *garlic*
il calcio   *football*
le fragole   *strawberries*

PARLARE DEI PROPRI GUSTI

Mi piace   { la pasta.   Mi piacciono   { i gatti.
Non mi piace   { il calcio.   Non mi piacciono   { le arance.
          { viaggiare.   { gli spaghetti.

Adoro   { l'aglio.
Odio   { il rock.
Preferisco { le rose.
         { il tè.
         { la birra.
         { le fragole.

SCOPRIRE I GUSTI DEGLI ALTRI

Ti piace la pasta, Mauro?   { Moltissimo!
Le piacciono i biscotti, signor Russo?   { Molto!
                              { Abbastanza.
                              { Così così.
                              { No, per niente!

Giovanna, preferisci   il tè o il caffè?
Signora Molinari, preferisce

	singolare	plurale
maschile	il caffè	i gatti
	* l'aglio	gli asparagi
	** lo zucchero	gli spaghetti
femminile	la birra	le fragole
	* l'oliva	le olive, le abitudini
	la zuppa inglese	le zanzare
!	* **l'** davanti a vocale (**a, e, i, o, u**)	
	** **lo** davanti a **z**, **s** impura (cioè **s** + consonante), **gn** e **ps**	

Preparazione

A   Domandate (*ask*) al vostro vicino se gli piacciono le cose seguenti.

[in due]   Per esempio:

le olive	le caramelle
la trippa	i bambini piccoli
il pesce	stare per delle ore al telefono
i cani	ballare per tutta la notte
la musica pop	andare in bicicletta
il gorgonzola	

B   Che cosa preferiscono gli altri?

Per esempio:

il tè / il caffè	il vino rosso / il vino bianco
i gatti / i cani	la carne / il pesce
le fragole / i lamponi	i ragazzi / le ragazze
cucinare con il burro / con l'olio	l'estate / l'inverno
parlare italiano/inglese	
comprare vestiti nelle boutiques / nei grandi magazzini	

[tutti insieme]   **C**   Chi ha gli stessi vostri gusti? Andate in cerca dei nomi!

Scrivete il nome di sei cose che vi piacciono. Poi girate per la classe e chiedete ai compagni se anche a loro piacciono le stesse cose. Se rispondono di sì, scrivete il loro nome accanto alla cosa che gli piace.

Per esempio:

Ti piacciono le caramelle?

Gusti	Nome
Mi piacciono le caramelle.	Roberto Helen
Mi piace andare in motocicletta.	Roberto
Mi piace il vino rosso.	Umberto

[in due] **D** Quale programma volete vedere?

Stasera, alle 20.30, su due canali diversi, danno 'Olga e i suoi figli' e 'Anno Domini'. Quale programma volete vedere? Con l'aiuto di un vocabolario leggete insieme con il compagno la presentazione di questi due programmi e poi discutetene insieme e dite quale preferite vedere.

| | perché? | *why?* |
| | perché | *because* |

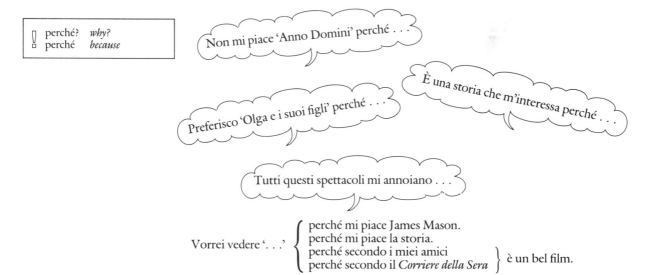

Non mi piace 'Anno Domini' perché . . .

È una storia che m'interessa perché . . .

Preferisco 'Olga e i suoi figli' perché . . .

Tutti questi spettacoli mi annoiano . . .

Vorrei vedere '. . .'
- perché mi piace James Mason.
- perché mi piace la storia.
- perché secondo i miei amici
- perché secondo il *Corriere della Sera* } è un bel film.

Domenica 6 ottobre 1985   *CORRIERE DELLA SERA*

SPETTACOLI/TELEVISIONE

Su Canale 5 alle 20.30 va in onda la prima puntata dello sceneggiato che durerà sei domeniche

Da stasera il kolossal «Anno Domini»

Tra i 400 interpreti, nomi celebri: James Mason, Ava Gardner, Fernando Rey, Susan Sarandon - La vicenda, che si svolge tra il 33 e il 69 d.C., ha come sfondo la nascita del Cristianesimo e l'inizio del declino dell'Impero Romano

---

la puntata	*episode*
la vicenda	*events, story*
svolgersi	*take place*
(si svolge)	*(takes place)*

RAIUNO

Olga e i suoi figli

Una famiglia comune, una madre sconvolta dal dramma quotidiano della follia del figlio. Un film per la TV in quattro serate di **Salvatore Nocita** con **Annie Girardot**, **Mario Adorf, Daniel Gélin, Giulia Salvatori** e con **Gianfranco Tondini**.

DA STASERA IN TV ALLE 20.30

sconvolto (-a)	*upset*
la follia	*madness*

Attività

Sondaggio: telespettatori

Il canale televisivo della vostra regione fa un sondaggio sulle abitudini dei telespettatori. Voi fate parte dell'equipe di intervistatori. A pagina 12 c'è il vostro questionario. Nell'intervista usate il lei e cominciate con le parole:

Buongiorno, posso farle qualche domanda sulla televisione?

e finite con le parole:

Bene, grazie tante della sua collaborazione, lei è stato (-a) molto gentile.

Adesso intervistate un compagno e alla fine dell'intervista scambiatevi le parti.

il sondaggio	*survey*
la televisione	
la TV (*pronounced* tivù) }	*TV, TV set*
il televisore	*TV set*
il telecomando	*remote control*
il canale	*TV channel*
la rubrica di attualità	*current affairs programme*
il telegiornale }	
il notiziario }	*TV news*
le previsioni del tempo	*weather forecast*
il serial	*serial*
la telenovela	*Latin American soap opera*
la trasmissione }	
il programma }	*programme*
lo show / il varietà	*variety show*
noioso	*boring*
appassionante	*exciting*
così così	*so, so*

> **!** Le parole inglesi sono invariate al plurale.
>
> Per esempio: i serial, gli show.

> *Nota culturale:* **telenovela** (-e) is the Italianization of a Spanish word.

Seguito scritto e orale

Adesso preparate un vostro sondaggio. Eccovi qualche idea:

- lo sport e gli hobby
- i ristoranti
- l'inquinamento ambientale
- le vacanze

il verbo **avere**	
ho	*I have*
ha }	
avete }	*you have*
abbiamo	*we have*

Sondaggio: Telespettatori

Nome: ....   Cognome: ....

Numero delle persone in famiglia: adulti . . .   bambini . . .

1	Ha la televisione?		sì ☐	no ☐
2	Quanti televisori ha?	....		
3	In bianco e nero ☐ a colori ☐			
4	Da quanti anni ha la televisione?	....		
5	Ha il telecomando?		sì ☐	no ☐
6	Ha il videoregistratore?		sì ☐	no ☐
7	Da quanti anni ha il videoregistratore?	....		
8	Riceve anche dei canali satellite?		sì ☐	no ☐
9	Che rete preferisce?	....		
10	Quante ore al giorno guarda la televisione? adulti . . . bambini . . .			
11	Quali personaggi televisivi preferisce?	....		

12   Quali programmi le piacciono?

il telegiornale	☐	i documentari	☐	i programmi sportivi	☐
le rubriche di attualità	☐	i programmi musicali	☐	i serial americani	☐
i film	☐	i programmi per i bambini	☐	i classici sceneggiati	☐
i programmi di quiz	☐	i cartoni animati	☐	le previsioni del tempo	☐

13	Qual è il suo programma preferito?	....		
14	La televisione, secondo lei, trasmette troppa pubblicità?		sì ☐	no ☐
15	Alla televisione c'è troppa violenza?		sì ☐	no ☐
16	I programmi sono diventati noiosi?		sì ☐	no ☐

2

Posso dare una mano?

Strutture

METTERE IN ORDINE

DOMANDE	RISPOSTE
Dove va la scopa?	La scopa va dietro l'armadio.
Dove vanno i piatti?	I piatti vanno nell'armadio.
Dove metto la caffettiera?	La caffettiera la tengo sul fornello.
E lo zucchero, dove lo metto?	Nell'armadio, sul secondo scaffale.
E le posate?	Sullo scaffale in basso / in alto.
	Anche loro nell'armadio.

the	*in + the*	*on + the*	*at/to + the*
il	nel	sul	al
la	nella	sulla	alla
l'	nell'	sull'	all'
lo	nello	sullo	allo
i	nei	sui	ai
le	nelle	sulle	alle
gli	negli	sugli	agli

Preparazione
[in due]

A   Le persone e le cose elencate (*listed*) a sinistra devono essere accoppiate con quelle a destra. Provate a indovinare il significato delle parole nuove; se non ci riuscite, cercatelo nel vocabolario. Se vi resta tempo, scrivete le frasi che avete formato.

il coccodrillo   vicino al fuoco
le calze   sul tavolo
un amico   dietro il frigorifero
le chiavi   nel fiume
il gatto   davanti al Bar Navona
il vaso   nella borsetta
il topo   accanto a me
una studentessa   sotto il letto
lo zucchero   nell'armadio

| va |
| sta |
| vanno |
| stanno |

Il burro va nel frigo.

I piatti vanno nell'armadio.

I tucani stanno nella giungla.

L'ippopotamo sta nel fiume.

B   Completate le frasi seguenti con:

sulla   vicino ai   sul   nel   nella

Il cane è solo . . . salotto della nonna. Tutto è pronto per la festa. Il cane vede i biscottini . . . tavola e li mangia. . . . biscottini c'è la torta e il cane mangia anche quella. . . . lattiera c'è un po' di latte e il cane lo beve. . . . piatto c'è un pollo arrosto e il cane lo divora. Poi torna la nonna e la festa è finita!

C   Inserite la parola giusta:

al   alla   all'   allo

1   La farmacia è vicino . . . chiesa.
2   L'ufficio postale è vicino . . . agenzia di viaggi.
3   La pasticceria è di fronte . . . bar.
4   Il ristorante è accanto . . . albergo.
5   La fermata è davanti . . . stadio.

[in due]   **D**   Una piccola indagine!

Volete sapere se la cucina dei compagni ha tutti gli elettrodomestici. Lavorate per una ditta italiana che crea nuove cucine e i vostri compagni sono dei possibili clienti. Naturalmente dovete darvi del lei.

Elettrodomestici:

il frigo / il frigorifero	la lavapiatti
il congelatore	la lavatrice
la bilancia elettronica	il miniforno
il coltello elettronico	il forno a microonde

Dunque, ha il forno a microonde?

[in due]   **E**   Leggete la pubblicità delle seguenti cose e poi a turno decidete se volete comprare o no.

Oggetti:

1	le posate rosse	5 le pentole antiaderenti
2	i calici da vino	6 la teiera con tazze in ceramica
3	i vasi portafiori	7 il piccolo contenitore
4	la sedia in legno	8 il miniforno

Sì, la sedia la compro perché può diventare un piccolo tavolino.

No, la teiera non la compro perché non ne ho bisogno.

Come si dicono *it* e *them* in italiano	
Compri **la** sedia?	Sì, **la** compro.
Compri **il** miniforno?	Sì, **lo** compro.
Compri **le** pentole?	Sì, **le** compro.
Compri **i** vasi?	Sì, **li** compro.

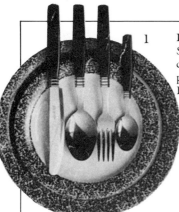

1
Posate rosse modello 'Brasil' di produzione Abert.
Si trovano nei migliori negozi a L. 45.000 la
confezione di 24 pezzi. I bei piatti con bordo
punteggiato di nero sono una creazione Cristina
Ricci per Cifra & Zeit.

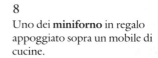

2
Calici da vino in vetro cristallino
dalla forma piena e tondeggiante.
Sono i 'Burgunder' della
Collezione Light & Music di Luigi
Bormioli. Nei migliori negozi a
L. 3.500 l'uno. Il decanter 'Giotto'
L. 10.000.

3
Tre vasi portafiori in ceramica. Sarà un'idea regalo molto
gradita per il Natale ormai prossimo. Da L. 20.000 a L. 30.000
presso i negozi Croff Centro Casa.

4
Sedia in legno modello 'Nina' con
spalliera orientabile. Può diventare un
piccolo tavolino. Di Cose & Cose, è
venduta a L. 135.000.

5
Pentole antiaderenti con esterno in smalto porcellanato
antiurto. Sono le 'Dream' di produzione Moneta che cuociono
anche senza grassi. In 7 misure vanno da L. 15.700 a L. 28.500.
Il tegamino per le uova L. 14.000.

6
Teiere con tazze in ceramica
colorata per l'ora del the. Sono
proposte da Croff Centro Casa a
L. 16.500 l'una anche nella
versione bianca.

8
Uno dei **miniforno** in regalo
appoggiato sopra un mobile di
cucine.

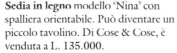

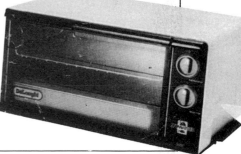

7
Piccolo contenitore in coccio con
la parte interna smaltata bianca per
conservare l'aglio. Nei negozi Coin
a L. 6.500.

Attività

Posso dare una mano?

[in due]

Ecco l'illustrazione della cucina. Dopo la festa, pensiamo a mettere tutto in ordine. Ogni oggetto ha un numero. Indicate dunque sull'illustrazione la lettera apposto per rispondere alle domande.

1	la caffettiera	11	lo zucchero
2	i bicchieri	12	il salame
3	il pane	13	i piatti
4	le posate	14	il vaso di fiori
5	le tazze e i piattini	15	il tè
6	il caffè	16	il secchio della spazzatura
7	le bottiglie	17	il tappetino
8	la scopa e il secchio	18	il formaggio
9	il detersivo	19	la pentola
10	la candela		

Studente A

È stata una bellissima festa, ma ora gli amici se ne sono andati e bisogna mettere tutto in ordine. Siete rimasti a dare una mano all'amico (-a) mentre lui (lei) lava i piatti. Volete mettere via le posate e le altre cose, ma non sapete dove vanno. Ciascun oggetto ha un numero. Voi dovete chiedere per esempio: 'Dove va la caffettiera?' e ascoltare la risposta dell'amico (-a).

Quando capite dove va messo ciascun oggetto, trovate la lettera giusta nell'illustrazione e accoppiate ogni numero alla sua lettera. Prendete nota delle risposte. Per esempio: 1 – a.

Studente B

Avete dato una bellissima festa ma adesso gli amici se ne sono andati e bisogna mettere tutto in ordine. Per fortuna un amico (un'amica) è rimasto (-a) a darvi una mano e mettere via le posate e le altre cose mentre voi lavate i piatti; però non sa dove vanno. Se vi chiede: 'Dove va la caffettiera?' suggerite per esempio: 'Sul fornello'. Se non capisce, dovete ripetere e se ancora non capisce dovete indicare il posto sull'illustrazione.

Quando avete messo a posto metà degli oggetti, scambiatevi le parti.

3
Ho perso la valigia!

Strutture

OGGETTI SMARRITI

Ho perso { la borsa. / il portafoglio. / le chiavi. / tutti i soldi. }   Dove / Quando { l'ha persa? / l'ha perso? / le ha perse? / li ha persi? }

Ha trovato { una valigia? / una borsetta? / un mazzo di chiavi? }

DOVE?

alla stazione
al cinema
per la strada
sull'autobus
fra l'albergo e la stazione
in piscina
da un'amica
al ristorante
non lo so

QUANDO?

stasera
stamattina
fra le otto e le dieci
il 2 agosto
tre giorni fa

ALTRE DOMANDE

Cosa c'è nella valigia? Che altro?
Di che colore è?

ESPRESSIONI

Che disastro!
Mamma mia!
E adesso che faccio?
Sono rimasto (-a) senza un soldo.
Perché proprio a me?!

Calma! Non si agiti. Risponda con
  calma!

il tempo perfetto con **avere**	
avere	il participio passato
ho	{ perso
hai	{ perduto
ha	trovato
abbiamo	
avete	
hanno	

lo la li le (*it, them*)	
cambia il participio passato	
l'ombrello	Dove l'ha perso?
la borsa	Dove l'ha persa?
i bambini	Dove li ha persi?
le olive	Dove le ha perse?

Preparazione

[in due]

A   Siete due persone molto distratte. In un giorno avete perso tutti i seguenti oggetti. Spiegate a turno all'impiegato dell'Ufficio Oggetti Smarriti quello che avete perso.

Per esempio:

Ho perso l'ombrello.
Ha trovato un ombrello verde?

> ! *Italians do not use 'my'*
> ! *when the owner is obvious.*

l'ombrello	il portafoglio	il passaporto	delle chiavi
dei soldi	l'anello	la valigia	la carta di credito
un paio di occhiali	la macchina	la borsa	l'orologio

[in due]

B   Elencate tutti e due cinque cose che avete perso. Ora alternatevi nella parte del cliente e in quella dell'impiegato e a turno spiegate quello che avete perso, dove e quando.

Per esempio:

Studente A

Scusi, ho perso l'ombrello.
L'ho perso all'ospedale.
L'ho perso due ore fa.

Studente B

Dove l'ha perso?
Quando l'ha perso?

[in due gruppi]

C   Il gioco dei colori. Dividetevi in due gruppi. Ogni gruppo elegge un capo e prepara otto domande che abbiano come risposta uno o più colori. Per esempio: Quali sono i colori della bandiera italiana? Di che colore sono gli occhi della principessa Diana? Quali sono i colori della Juventus? Poi il capo del primo gruppo comincia a leggere la prima domanda. L'altro gruppo si consulta e risponde attraverso il suo capo. Il gioco continua fino all'esaurimento di tutte le domande. Vince chi ha più punti.

vince   *wins*

[in due]

Avete una buona memoria?

un servizio   *assignment*

D   Il tuo capo ti ha dato un servizio veramente importante a Roma e adesso hai meno di cinque ore per fare la valigia, arrivare all'aeroporto e prendere l'aereo. Starai via per tre giorni. Ora fa' un elenco delle cose da mettere nella valigia. Che vestiti vuoi prendere? Di che colore sono? Poi da' la lista al tuo compagno. Cerca di (*try to*) ricordare quello che hai scritto. Il tuo compagno metterà un segno accanto agli oggetti che ti sei ricordato. Alla fine scambiatevi le parti .

Attività

Ho perso la valigia!

[in due]   Inventate un modulo dell'Ufficio Oggetti Smarriti per le valigie. Ricordate che gli impiegati statali in Italia vogliono sapere tutto! Dovete avere un modulo ciascuno perché dovrete scambiarvi le parti. Il modulo può essere più o meno così:

UFFICIO OGGETTI SMARRITI
Modulo n. 56b (Valigia)

Nome: ....   Cognome: ....

Cittadinanza: ....

Documento (Numero di passaporto): ....
Descrizione della valigia perduta (segnare una x dove occorre):

con ruote	1 maniglia	colore:
senza ruote	2 maniglie	rossa ....
rigida	in pelle	marrone ....
morbida	in plastica	nera ....

blu ....
bianca ....
grigia ....
beige ....
altro? ....

Dove è stata perduta? ....

Quando è stata perduta? ....

Contenuto ....

....

Firma ....   Firma dell'impiegato

Data ....

Studente A

Siete alla stazione di Firenze. Scendete dal treno e . . . che disastro! Non trovate la valigia con tutti i vestiti. Per fortuna avete ancora i documenti con voi. Entrate nell'Ufficio Oggetti Smarriti e parlate con l'impiegato. Naturalmente siete molto agitati. Potete cominciare con: 'Buongiorno. Ho perso la valigia . . .'

Studente B

Siete l'impiegato (-a) dell'Ufficio Oggetti Smarriti di Firenze. Ogni giorno arrivano sventurati da ogni paese del mondo che hanno perso la loro valigia. Che noia . . . ma pazienza! Fate molte domande a quest'altra persona che ha perso la sua valigia e scrivete le risposte sul modulo.

la valigia	*suitcase*	un vestito	*a dress, suit* (also man's suit)
la valigetta	*overnight case*	una camicia	*a shirt* (m)
la borsa da viaggio	*travel bag*	una camicetta	*a blouse*
le ruote	*wheels*	2 paia di pantaloni	*2 pairs of trousers*
rigido	*hard*	2 reggipetto	*2 bras*
morbido	*soft*	3 paia di calze (m & f)	*3 pairs of socks/stockings*
la maniglia	*handle*	gioielli	*jewellery*
		una gonna	*a skirt*
		3 collant	*3 pairs of tights*
		un paio di jeans	*a pair of jeans*
		5 mutande	*5 pairs of knickers*
		un asciugamano	*towel*
		2 costumi da bagno	*2 swimming costumes*
		un golf	*a cardigan*

4
Ditelo con i fiori

Strutture

FARE ACQUISTI

Mi dà dodici rose rosse, per favore?
Vorrei un misto di tulipani e garofani.
Vorrei provare quel vestito viola in vetrina, taglia 44.
Avete una borsa da accompagnare al vestito?
Ha la taglia più grande / più piccola?
Avete questo vestito in un altro colore, rosso, per esempio / magari?
Mi piace molto questo vestito. Lo prendo.
Non mi piacciono questi fiori. Non li prendo.
Grazie lo stesso.

PERSUADERE E SUGGERIRE

Senta che buon profumo! Oggi i giacinti sono bellissimi. Perché non li
    prende?
Desidera dei crisantemi?
Questo vestito le sta molto bene. È perfetto per lei.
Io le consiglio di prendere questo.
Perché non prova anche questo?

IL PREZZO

Quanto costano queste rose?
Costano cinquemila lire l'una.
Quanto costano quindici tulipani?
Le faccio un prezzo speciale.
Mi fa uno sconto sulla borsa? È un po' cara.
I sandali sono un po' cari / troppo cari per me.
È un buon prezzo. Li prendo.
Non sono cari i fiori, sono freschissimi, sono arrivati oggi!
Le rose vengono consegnate a domicilio gratis.
Oggi c'è uno sconto del 30% (trenta per cento) su tutte le scarpe.

> lo
> la } compro { *I'll buy it*
> li } prendo { *I'll take it*
> le

Preparazione

[in due]

A　Sono belle le cose che volete comprare?
Belle? Sono bellissime!

singolare		plurale	
bello (-a)	bellissimo (-a)	belli (-e)	bellissimi (-e)
caro (-a)	carissimo (-a)	cari (-e)	carissimi (-e)
elegante	elegantissimo (-a)	eleganti	elegantissimi (-e)

Dite che siete d'accordo.

Per esempio:

1　I tulipani sono belli.
2　Questa maglia è morbida.
3　Questi guanti sono eleganti.
4　Il vestito è brutto.
5　Il pullover è caro.
6　La borsa è piccola.
7　Queste camicette sono trasparenti.

Le rose sono belle.

Certo, sono bellissime.

[in due]

B　Ecco delle belle borse per quest'estate. Leggete le descrizioni della pubblicità e poi inventate un dialogo in cui cercate di persuadere una cliente a comprarne una. Immaginate che le borse siano in vetrina. Poi scrivete il dialogo.

gli zaini	*haversacks*
le tracolle	*shoulder bags*
i bauletti	*little trunk-style bags*
i secchielli	*bucket bags*
il manico	*handle*
in tela	*in cloth*
in cuoio	*in leather*
in morbida pelle	*in soft leather*
la fibbia	*buckle*
una catena	*a chain*

Colorata la borsa in pelle con manico in bambù e chiusura a scatto: è proposta da Gucci a L. 1.290.000 circa (a sinistra). Pratico, in tela e cuoio, lo zaino ideale per il tempo libero è di Samsonite (al centro). È in vendita

a L. 98.000 circa. Lineare il secchiello-design in morbida pelle in un intenso tono di marrone, perfetto per lo shopping. Ha originali manici a oblò, in legno. È un modello di Genny (a destra).

Essenziale, la borsa in cuoio piuttosto piatta (a sinistra) di Polo by Ralph Lauren: ha il battente chiuso con fibbia. Piccolissima, la borsa passe-partout è realizzata in pelle di struzzo, con tracolla rifinita da una catena in metallo (al centro,

L. 750.000): di Principe. Stampata a effetto cocco, la busta morbida di Nannini in una calda tonalità tabacco (a destra) si chiude con una zip rifinita da un anello in metallo.

[in due]

C Un dialogo fra clienti e negozianti. Si lavora in coppie. I negozianti vendono la giacca, i jeans, la T-shirt, le perle, il bracciale e la cintura e devono decidere i prezzi. I clienti vogliono comprare tutte queste cose, ma naturalmente ad un prezzo più basso. La giacca ha un prezzo fisso di 220.000 lire.

> Come chiedere **uno sconto** (*a discount*):
>
> Mi fa uno sconto?
> C'è un po' di sconto, vero?

A sinistra: una giacca in panno con dettagli dorati (Coin, L. 220.000). Viene smitizzata dai jeans (Levi's) e dalla T-shirt in cotone (Chevignon). Perle Pagano. Bracciale e cintura (Radà). *Pettinature di James Bradshaw per J.L. David. Trucco di Tracy Gray per Sparks.*

Attività

Ditelo con i fiori*

COME SI REALIZZA UNO SCENARIO

Prima fase: la prova

*Questo scenario è stato inventato da Robert Di Pietro. Per ulteriori informazioni l'insegnante può consultare Robert Di Pietro, *Strategic Interaction: Learning Languages through Scenarios*, Cambridge University Press, 1987.

Gli studenti si dividono in due gruppi (A e B) con non più di dodici persone in ogni gruppo. All'interno del proprio gruppo, ciascuno propone delle possibili strategie. Per esempio, in 'Ditelo con i fiori', il gruppo A può proporre di abbassare il prezzo di tutti i fiori tranne (*except*) le rose, che vengono invece alzate di prezzo e diventano molto care. La strategia del gruppo B può essere di comprare molte rose senza preoccuparsi del prezzo. Tutti scrivono su un foglio le strategie scelte, se necessario con l'aiuto dell'insegnante.

il punto di vista	*point of view*
gli appunti	*notes*
inaspettato	*unexpected*
sceglie	*chooses*

Seconda fase: la realizzazione

Ciascun gruppo sceglie un portavoce. I due portavoce possono, se vogliono, consultare gli appunti. Possono alzarsi in piedi, oppure, se il gruppo è piccolo, restare seduti fra i compagni. Se hanno difficoltà di vocabolario o qualche problema inatteso di strategia, devono consultarsi col gruppo, per esempio: che cosa deve fare B se A insiste a dire che non ha rose da vendere? E che cosa deve fare A se B insiste a dire che vuole quindici rose, quando ce ne sono solo sette? Queste pause di consultazione possono durare qualche secondo oppure cinque–dieci minuti. Se la pausa diventa troppo lunga, il gruppo sceglie un altro portavoce. In questo modo, più persone hanno la possibilità di parlare.

Terza fase: la discussione

L'insegnante incoraggia gli studenti a parlare delle difficoltà che hanno trovato e delle cose riuscite bene. Congratulazioni a tutti per il buon lavoro!

NB Seguendo queste tre fasi, gli studenti possono realizzare anche gli scenari delle lezioni 7 e 19.

I fiori

il garofano	*carnation*	il gladiolo	*gladiolus*
la rosa	*rose*	il geranio	*geranium*
la violetta africana	*African violet*	il giglio	*lily*
il tulipano	*tulip*	l'iris (f)	*iris*
il giacinto	*hyacinth*	un mazzo	*a bunch*
il papavero	*poppy*	incartato	*wrapped*
la viola	*violet*	il nastro	*ribbon*
la margherita	*daisy*	il biglietto	*card for the message*
il crisantemo	*chrysanthemum*	il profumo	*scent*
il narciso	*jonquil*	che buon profumo!	*what a lovely scent!*
		appassito	*fading, wilting*

> Notate che i colori seguono sempre i sostantivi.
>
> Per esempio: Due rose gialle.

I colori

rosso	*red*	arancione	*orange*
rosa (invariable)	*pink*	viola (invariable)	*purple*
verde	*green*	giallo	*yellow*
celeste	*light blue*	bianco	*white*

Attività

Nota culturale: Gli italiani comprano sempre fiori in numero dispari perché se regalati in numero pari portano sfortuna. Inoltre il rosso è il colore della passione e dell'amore. Per molti i crisantemi sono solo per i funerali e per i cimiteri.

Gruppo A

Avete un negozio di fiori. Siete preoccupati perché mentre le rose sono fresche e bellissime, tutti gli altri fiori cominciano ad appassire. Se non li vendete oggi, rischiate di perdere un sacco di soldi. Che cosa dite al prossimo cliente?

Gruppo B

Una simpatica ragazza italiana vi ha invitato a cena a casa sua e vorreste portarle delle rose. Entrate da un fioraio. Che cosa comprate?

5

Ti va di ballare?

Strutture

INVITARE GLI AMICI E PROPORRE CHE COSA FARE

Andiamo
- al cinema?
- in discoteca?
- a teatro?
- al mare?

Facciamo
- una passeggiata?
- una gita in campagna?

Andiamo a mangiare?
Che fai stasera?
Vuoi andare al cinema?
Ti piacerebbe fare una passeggiata?

Ti va
- di ballare?
- di mangiare fuori?
- di mangiare una pizza?

ACCETTARE UN INVITO

Va bene, d'accordo.
Sì, sono libero (-a).
Benissimo,
- che bell'idea!
- che bello!

Sì, mi piacerebbe molto.

RIFIUTARE UN INVITO

Mi dispiace, ma . . .
Non posso, purtroppo, non mi è proprio possibile.
No, non mi va.
Veramente ho un impegno.
Ho da fare.
Non ne ho voglia.

impegno   *social or business engagement*

FISSARE UN APPUNTAMENTO

Dove
Quando
A che ora
} ci incontriamo?
Quando ci vediamo?
Vengo a prenderti in macchina?

Ci incontriamo
Ci vediamo
- davanti al cinema.
- in Piazza Verona.
- domani.
- dopodomani.
- stasera alle nove.
- a mezzogiorno.

Ciao!
- A sabato!
- A domani!
- A presto!

Preparazione

A   Domani è festa e volete uscire insieme all'amico (-a). Lanciate qualche
[in due]   idea su dove andare.

[in due]   **B**   Avete deciso di andare nei posti elencati sotto, ma dovete ancora fissare
(*establish*) l'ora e il luogo dell'appuntamento. Alla fine scambiatevi le parti.

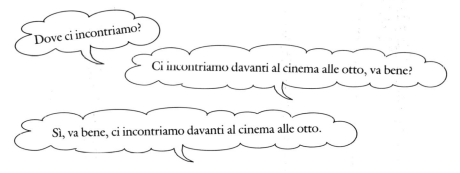

1   al cinema
2   al ristorante da Pino
3   in campagna
4   in Piazza San Marco
5   in discoteca

alle cinque	*at five o'clock*
sono le cinque	*it's five o'clock*
alle sei	*at six o'clock*
alle sette e mezza	*at half past seven*
alle otto meno un quarto	*at quarter to eight*
alle nove e un quarto	*at quarter past nine*

ci vediamo	*we'll see each other*
ci incontriamo	*we'll meet (each other)*
ci sentiamo al telefono	*I'll give you a ring* / *you give me a ring* / *we'll keep in touch*

[in due] **C** Siete a Milano e non vedete l'ora (*you can't wait*) di andare al famoso Teatro alla Scala.

1 Studiate bene il programma e poi decidete insieme che cosa vedere.
2 Telefonate alla Scala e prenotate (*book*) i posti – in galleria (*gallery*), in palco (*boxes*) o in platea (*stalls*).
3 Poi discutete se volete mangiare qualcosa prima dello spettacolo e decidete dove incontrarvi.

lunedì
martedì
mercoledì
giovedì
venerdì
sabato
domenica

Perché non andiamo a vedere *Madama Butterfly*?

Io preferisco *Il Balletto Imperiale*.

Nota culturale: Il teatro alla Scala si trova in Piazza della Scala e gli spettacoli cominciano sempre alle otto in punto. I ritardatari devono aspettare nel foyer, fino al primo intervallo.

[in due] **D** Federico e Belinda parlano al telefono. Qui trovate quello che dice Federico. Decidete insieme che cosa dice Belinda.

Ciao, Belinda, sono Federico.

Sto benissimo grazie, e tu?

Oh, mi dispiace. Hai preso un'aspirina? Senti, quando ci vediamo? Ti piacerebbe venire a cena qui venerdì sera?

Va bene, d'accordo, facciamo sabato sera. Alle sette va bene?

Allora passo a prenderti in macchina alle sette. Ciao, Belinda, a sabato.

[in due] **E** Invitate il vostro amico (la vostra amica) a uscire stasera. Per aiutarvi vi diamo dei suggerimenti.

Voi	Amico
Domandate all'amico (amica) se vuole fare qualcosa stasera.	
	Rispondete di sì e suggerite alcuni posti dove andare.
Scegliete uno dei posti suggeriti e dite che vi piacerebbe andarci.	
	Domandate a che ora e dove è l'appuntamento.
Suggerite l'ora e il posto dell'appuntamento.	
	Dopo aver consultato la vostra agenda, rispondete che non vi è possibile e spiegate perché.
Suggerite un altro giorno o un'altra ora.	
	Rispondete che il giorno, l'ora e il posto vi vanno bene.
Ripetete il posto e l'ora e finite la conversazione.	

Attività

Ti va di ballare?

Prima fase

Ognuno prepara un'agenda per venerdì, sabato e domenica di questa settimana. Avete già impegni, per esempio con il dentista, il dottore, il parrucchiere, il veterinario, l'ottico o la scuola?

venerdì	sabato	domenica
8	8	8
9	9	9
10	10	10
11	11	11
12	12	12
13	13	13
14	14	14
15	15	15
16	16	16
17	17	17
18	18	18
19	19	19
20	20	20
21	21	21
22	22	22
23	23	23
24	24	24
1	1	1

[tutti insieme] **Seconda fase**

In questo periodo vi sentite molto giù: l'unica via di uscita (*the only way out*) è di riempire (*fill up*) di impegni la vostra agenda. Cercate di organizzare una festa, un picnic, una riunione, oppure prendete molti appuntamenti. Girate per la classe e invitate più gente possibile.

| Devo andare { dal dentista / dal dottore

Ti va di ballare venerdì sera?

Mi dispiace, non posso, devo andare dal dentista.

6

Che lavoro faccio?

Strutture

> Gianni è ingegnere = *he's got an engineering degree or he works as an engineer.*
>
> Gianni fa l'ingegnere = *he works as an engineer.*

PARLARE DEL PROPRIO LAVORO E DI QUELLO DEGLI ALTRI

Che lavoro fa/fai?

Faccio
$\begin{cases} \text{il meccanico.} \\ \text{la maestra di scuola elementare.} \\ \text{il ragioniere } (accountant). \end{cases}$
Sono
$\begin{cases} \text{segretaria.} \\ \text{studente.} \\ \text{pensionata.} \end{cases}$

È interessante il suo/tuo lavoro?

Sì, ma ci vuole
$\begin{cases} \text{molta pazienza.} \\ \text{molto impegno.} \end{cases}$

No, non mi piace, è noioso.

C'è troppa burocrazia.

Non mi piacciono i colleghi.

È un ambiente molto cordiale.

Mi dà molta soddisfazione il mio lavoro.

Preparazione
[in due]

A   Ecco alcune professioni. Fate finta di (*pretend*) essere in grado di farle tutte.

Faccio la cuoca.   Sono cuoca.

> *Nota culturale:*
> maestro *teacher in an infant school (asilo) or primary school (scuola elementare)*
> professore *teacher in a secondary school (scuola media and liceo or university (università)*
> insegnante *generic term for school teacher*
> docente *generic name for secondary school and university teacher*

l'insegnante (m & f) *teacher*
il maestro (la maestra) *infant and primary school teacher*
il ragioniere (la ragioniera) *accountant*
il meccanico (la meccanica) *mechanic*
il commesso (la commessa) *clerk, shop assistant*

il segretario (la segretaria) *secretary*
il dottore (la dottoressa) *doctor*
la casalinga *housewife*
l'impiegato (-a) *clerk*
l'ingegnere (m. only) *engineer*
lo scienziato (la scienziata) *scientist*
il macellaio (la macellaia) *butcher*
il cuoco (la cuoca) *cook*

essere	**fare**
sono	faccio
sei	fai
è	fa
siamo	facciamo
siete	fate
sono	fanno

> Usate l'articolo definitivo con **fare** – il, la, lo, l'.

[in due] **B** Indovinate (*guess*) il lavoro che fanno queste persone. Preparatevi a cercare alcuni mestieri nel vocabolario.

1 Lavoro con molti ragazzi, in genere della stessa età. Torno a casa stanchissima, ma provo soddisfazione quando gli studenti imparano le regole di matematica.

2 Lavoro in un ufficio pubblico. Tutto deve essere battuto a macchina oppure messo nel computer, e poi bisogna rispondere al telefono. Qualche volta mi fanno proprio male le braccia.

3 Dirigo un grande gruppo di musicisti. Qualche volta invito un celebre cantante o pianista ad accompagnarci.

4 Siccome so cucinare ottimi piatti cinesi, posso lavorare in tutti i paesi del mondo.

5 Ho sempre intorno carne cruda e ossa di animali!

6 Porto vestiti bellissimi e cammino su e giù in mezzo a molta gente.

7 Sto in un'edicola e vendo carta stampata.

8 Mia moglie si lamenta che le mie mani sono sempre sporche, ma con le automobili, come faccio ad avere le mani pulite?

9 Sono anziano: sto spesso in casa, bado ai nipotini, mi occupo delle faccende domestiche, curo il giardino, faccio la spesa e ho altri interessi.

10 Sono sempre in cerca di informazioni, scandali e novità. So scrivere piuttosto bene, e devo farlo continuamente, spesso di notte. La mia specialità è intervistare gli uomini politici.

il presente			
lavor**are**	rispond**ere**	apr**ire**	cap**ire**
lavor**o**	rispond**o**	apr**o**	cap**isco**
lavor**i**	rispond**i**	apr**i**	cap**isci**
lavor**a**	rispond**e**	apr**e**	cap**isce**
lavor**iamo**	rispond**iamo**	apr**iamo**	cap**iamo**
lavor**ate**	rispond**ete**	apr**ite**	cap**ite**
lavor**ano**	rispond**ono**	apr**ono**	cap**iscono**

[in due] **C** Insieme scegliete (*choose*) tre o quattro professioni e mestieri tra quelli elencati qui sotto e descrivete le doti personali necessarie per farli bene.

Ragioniere (-a): Ci vuole molta precisione.

Parrucchiere (-a):
Bisogna saper tagliare i capelli.

Dopo **bisogna** usate l'infinito. Per esempio:

Bisogna { avere molta pazienza con la gente.
essere intelligente.
avere interesse per la moda.

singolare: Ci vuole { molta pazienza.
molto impegno (*diligence*).

plurale: Ci vogliono { molti anni di studio.
molte ore di allenamento.

il modello (la modella)
il soldato (la soldatessa)
il direttore (la direttrice) di una grande azienda

il primo ministro (m. & f.)
il maestro (la maestra)
la spia (m. & f.)
l'ambasciatore (l'ambasciatrice)

il ragioniere (la ragioniera)
il bibliotecario (la bibliotecaria)
il medico (m. & f.)

[in due]   **D**   Volete lavorare in Italia? Leggete insieme queste 'Offerte di collaborazione'.

Poi pensate a quello che potete fare in Italia e scrivete su un foglio la vostra offerta. Attaccate il foglio alla parete. A questo punto tutti possono andare in giro e leggere le offerte.

[per tutti]   **E**   Che lavoro fate?

Dite ai compagni qual è il vostro lavoro, se vi piace o no, se è interessante, e dove lavorate.

Attività

Che lavoro faccio?

[tutti insieme]   È un gioco per tutta la classe. L'insegnante attacca alla schiena degli studenti un biglietto con il nome di una professione o di un mestiere. Poi tutti gli studenti girano per la classe e scrivono su un pezzo di carta il nome e il lavoro degli altri (naturalmente non possono vedere il loro!).

> ▯ Dopo **qualche** si usa il
> □ sostantivo al singolare.

Poi tutti tornano al loro posto e hanno qualche minuto (*a few minutes*) per scrivere una frase che descrive il lavoro di ognuno. È meglio non essere troppo espliciti.

A questo punto comincia il gioco. Il primo studente dice: 'Che lavoro faccio?' I compagni leggono a turno la loro frase, e lui prende appunti e alla fine cerca di indovinare. Se sbaglia può fare delle domande.

Poi si passa allo studente successivo.

7

La macchina in panne

> *Nota culturale:* Trovarsi improvvisamente in panne (si usa la parole francese pronunciata alla francese) è una gran seccatura. In città c'è sempre qualche passante gentile che ti aiuta a spingere la macchina fino al marciapiede. Poi bisogna far venire il carro attrezzi e portarla da un meccanico. In autostrada ogni due chilometri ci sono dei telefoni per chiamare il soccorso autostradale. Prima di andare a telefonare, però, bisogna mettere un triangolo luminoso di segnalazione cinquanta metri dietro la macchina. E poi, bisogna armarsi di pazienza.

Strutture

VOCABOLARIO PER LA MACCHINA

Italiano	English	Italiano	English
la carrozzeria	*car body*	l'acceleratore	*accelerator*
il finestrino	*car window*	il cambio	*gears*
il bagagliaio	*boot*	la frizione	*clutch*
il freno	*brake*	la batteria	*battery*
il freno a mano	*hand brake*	la candela	*spark plug*
il cruscotto	*dashboard*	il volante / lo sterzo	*steering wheel*
la portiera anteriore/ posteriore	*front/rear door*	il clacson	*horn*
		il parabrezza	*windscreen/windshield*
la cintura di sicurezza	*seat belt*	il tergicristallo	*windscreen wiper*
il sedile anteriore/ posteriore	*front/back seat*	l'olio	*oil*
		la benzina	*petrol*
la gomma / il pneumatico	*tyre*	il servosterzo	*power steering*
la ruota	*wheel*	il servofreno	*power brake*
l'auto con quattro ruote motrici	*four-wheel drive*	il radiatore	*radiator*
		lo specchietto retrovisore	*rearview mirror*
il parafango	*mudguard/fender*	il tachimetro / il contachilometri	*speedometer*
la ruota di scorta	*spare wheel*		
il serbatoio	*petrol tank*	la velocità	*speed*
il cofano	*hood/bonnet*		
la targa	*licence plate / number plate*		
i fari / le luci	*lights*		
la luce di direzione e di posizione*	*indicator*		
l'antenna della radio	*radio antenna / aerial*		
il carburatore	*carburettor*		

> * *Nota culturale:* La luce di direzione è detta colloquialmente 'la freccia'. Per esempio: 'Metti la freccia.'

LE PERSONE

l'autista	*chauffeur/driver*
l'automobilista	*car driver*
il meccanico	*mechanic*
il vigile (la vigilessa)	*traffic policeman/policewoman/warden*
il passeggero	*the passenger*

ALLA STAZIONE DI SERVIZIO – ESPRESSIONI PER L'AUTOMOBILISTA

Mi fa il pieno per favore?

Mi dà quarantamila lire di benzina super?

Trenta litri di benzina senza piombo, per favore.

Mi può controllare
{
l'olio?
la benzina?
l'acqua della batteria?
la pressione della gomme?
}

IN CASO DI UN GUASTO ALLA MACCHINA E DI UN INCIDENTE STRADALE

Allora, che cosa le succede?

Che cosa c'è che non funziona?

La macchina è in panne.   *The car has broken down.*

L'acceleratore
Il cambio   } non funziona.
La batteria

Le luci
I freni   } non funzionano.

La macchina consuma troppa benzina.

Mi può regolare i fari?

Quando metto in moto, il motore si spegne subito.

C'è un guasto al motore.

Il motore non riparte.	*The motor won't start.*
l'assicurazione	*insurance*
la carta verde	*insurance card when driving abroad (green card)*
la foratura	*puncture*
l'incidente	*accident*
bloccato	*jammed*
lo scontro / lo scontro frontale	*collision / head-on collision*

Ho avuto un incidente.

Ho assistito a un incidente.

Mi ha sorpassato una macchina a grande velocità.

Ho visto la macchina investire un pedone (*a pedestrian*).

La macchina è passata con il rosso.

Due macchine si sono scontrate.

Il signore ha avuto un collasso / un colpo di sonno.

I VERBI

investire	*to run over*
sbandare	*to go into a slide/skid*
sbattere contro	*to hit against*
scontrarsi con	*to collide with*
andare a sbattere	*to collide*
urtare	*to bump into/against*
frenare	*to brake*
cambiare marcia	*to change gears*
fare marcia avanti	*to go forward*
fare marcia indietro	*to reverse*
camminare/andare/marciare	*to go*
correre	*to go fast*
accelerare	*to accelerate*
sorpassare	*to overtake*

Sono andato (-a) a sbattere contro un albero.

PER PERSUADERE

Per favore . . . ?
Mi può fare una cortesia?
Mi potrebbe . . . ?
La prego, mi può riparare la macchina entro domani mattina / entro due
    giorni?
Se riesce a trovarmi subito il guasto, le sarò veramente grato (-a).

PER SCUSARSI O PER INVENTARE PRETESTI

Mi dispiace, ma per oggi non possiamo / non si può fare altro.
Mi dispiace, non ho tempo. Devo riparare un'altra macchina.
Se glielo faccio oggi, resterò indietro con gli altri lavori.

Preparazione
[in due]

A   La vostra macchina è in panne. A turno dite al meccanico (il vostro vicino) quello che non funziona.

1   Per cominciare non funziona . . . Non posso segnalare.
2   Poi non funziona . . . Non posso accelerare.
3   E c'è anche . . . che non funziona. Non riesco a suonare.
4   Aiuto! . . . non funzionano. Non riesco a fermare la macchina!
5   È pericoloso quando piove: bisogna aggiustare . . .

[in due]

B   La vostra macchina è in panne. Telefonate al meccanico per dire
(a) dove siete.
(b) che cos'ha la macchina.

Siete qui:

Voi	Il meccanico
Chiedete di parlare con il servizio riparazioni.	
	Dite il vostro nome e invitate la persona a parlare pure.
Spiegate che la vostra macchina è in panne.	
	Chiedete dove si trova esattamente la macchina.
Date una descrizione chiara. (Vedere sopra.)	
	Dite: 'Un momento', e poi chiedete di ripetere perché dovete scrivere le indicazioni. Poi chiedete che cosa c'è che non funziona.
Elencate tre guasti.	
	Scrivete i tre guasti su un foglio.
Chiedete quanto tempo ci metterà il carro attrezzi.	
	Rispondete.
Concludete la conversazione.	

*Questo esercizio è stato
ispirato dal libro di Tom
Swallow, *Points de départ*,
Cambridge University Press,
1982.

[in due]   **C**   A turno fate il testimone e poi il vigile nei tre incidenti stradali qui sotto. Spiegate quello che è successo al vigile, che scriverà tutti i dettagli su un foglio.*

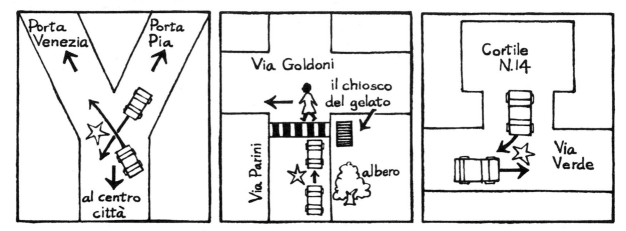

[in due]   **D**   Siete due amici, vi trovate a Milano e avete intenzione di visitare tutta l'Italia, ma uno di voi trova sempre qualche difficoltà. A ogni suggerimento c'è un problema. Fate a turno l'amico che vuole persuadere e l'amico pessimista. (Questo esercizio è più divertente se si ha davanti una carta dell'Italia.)

1   Be', andiamo a Venezia allora?
2   Io ho sempre voluto andare da Siena a Lucca in bicicletta.
3   Perché non andiamo in Toscana a esplorare tutti i vigneti? Possiamo berci qualche buon bicchiere di Chianti!
4   Tutti dicono che l'isola d'Elba è un sogno. Perché non ci andiamo anche noi?
5   Firenze è una tappa obbligata. Non ci credo che non vuoi vedere Firenze!
6   Lo sai che Roma è piena di gente simpatica. Perché non ci fermiamo una settimana e facciamo il giro dei night?
7   Secondo me il sistema migliore è di cominciare a Palermo e poi pian piano risalire la penisola finché non ritorniamo a Milano.
8   Per concludere il viaggio, perché non andiamo sulle Dolomiti, a fare qualche gita? So che ti piace camminare.
9   Preferisco noleggiare una macchina che prendere il pullman (*coach/bus*). E tu?
10   Basta, va' al diavolo! Non voglio più viaggiare con te!

[in due]   **E**   Non volete fare le cose che vi chiedono, ma non volete nemmeno offendere e quindi dovete trovare una scusa o un pretesto per le seguenti situazioni:

> Mi può dare diecimila lire?

> Mi dispiace, davvero, non posso, oggi sono al verde.

1   Vieni al cinema stasera?
2   Mi puoi dare il numero di telefono del tuo ragazzo (della tua ragazza)?
3   Può dare da mangiare ai miei gatti questo fine settimana?
4   Lei è bravo (-a) con i bambini! Potrebbe fare il (la) babysitter ai nostri cinque domani?
5   Le piacerebbe venire a casa mia stasera per conoscere la famiglia del primo ministro?

Attività

SCENARIO: LA MACCHINA IN PANNE

Questo scenario si fa nello stesso modo di 'Ditelo con i fiori' (vedi p. 24).

Gruppo A (una donna)

Siete a Como. Domani dovete essere a Parigi per consegnare la macchina che avete noleggiato. Se non tornerete in tempo, dovrete pagare una penalità di cento dollari al giorno. Purtroppo avete avuto un incidente e la macchina è stata danneggiata. In città c'è un solo meccanico aperto. Preparatevi a convincerlo a riparare la macchina il più in fretta possibile.

Gruppo B (un uomo)

Siete un meccanico. Il vostro principale vi ha dato ferree istruzioni di riparare la macchina di suo cugino prima di ogni altra. Avete l'ordine di accettare lavori nuovi solo se sono molto costosi. A questo punto arriva una straniera con un lavoro urgente. Che cosa le dite?

8

Saperci fare

Strutture

☐	Mi può dare . . . ? *Can you give me . . . ?* Mi potrebbe dare . . . ? *Could you give me . . . ?*

RECLAMARE

(i) con tono cortese ma fermo

La camera non va bene perché è troppo piccola.
Mi può dare una camera con una bella vista?
Mi spiace, ma io ho bisogno di una camera più grande.
Purtroppo, non riesco a dormire.
Non mi va bene, perché . . .

(ii) con tono mite e conciliante

Per cortesia, posso avere un'altra camera?
Mi potrebbe dare un'altra camera?
Vorrei un'altra camera con una bella vista.
La camera che ho adesso è un po' piccolina.
Ma non è proprio possibile?
Che peccato! Grazie, ritelefono domani.

(iii) con irritazione, con tono brusco

☐	voglio *I want* vorrei *I'd like*

Esigo un'altra camera.
Non voglio stare in questa camera.
Non è possibile! È uno scandalo! È ridicolo!
Dov'è il direttore?

GIUSTIFICARSI

☐	Dopo **mi può, posso, mi potrebbe, non è possibile, vorrei** e **voglio** bisogna usare l'infinito. Per esempio: Non è possibile parcheggiare qui.

Mi spiace ⎱
Mi dispiace ⎰ signore.
Non è possibile telefonare.
Davvero non è possibile.
Non posso proprio aiutarla.

SUGGERIRE, TROVARE UN'ALTRA SOLUZIONE

Perché non prende un'aspirina?
Perché non prova domani?
Telefoni domani, per favore.
D'accordo, appena avrò un'altra camera, glielo farò sapere.
Signora, stasera parlerò con la madre della bambina.

Preparazione

> Se volete che gli altri vi
> aiutino, usate **Mi può**
> . . . ? o **Mi puoi** . . . ?
> (*Can you* . . . ?)
>
> Se volete chiedere un
> permesso, usate **Posso**
> . . . ? (*Can I* . . . ?)
>
> Per esempio:
> Mi può indicare la strada
>   per Brescia, per
>   favore?
> Posso lasciare qui la
>   valigia?

A   Posso o **mi può** (**mi puoi**) . . . ?

potere	*can, to be able*
posso	possiamo
puoi	potete
può	possono

Con tono educato e gentile chiedete un permesso o un favore al vostro vicino nelle seguenti situazioni. Usate **Posso** o **Mi può**.

1   Volete un bicchiere di acqua minerale.
2   Avete bisogno di una spiegazione dal vostro insegnante.
3   Chiedete a un amico il permesso di cercare un numero / se potete cercare un numero sull'elenco telefonico.
4   Dovete usare il telefono di un'amica.
5   Volete chiedere un favore a un amico.

B   Ecco delle frasi in tono conciliante e mite. Cambiate il tono in quello cortese ma fermo.

1   (Al tabaccaio) Mi scusi, ma avrebbe per caso da cambiarmi un biglietto da 100.000 lire? Non ho spiccioli.
2   (Al vicino di casa) Scusi, signore, mi dispiace interrompere la sua siesta, ma vorrei informarla che il suo cane mi ha svegliato durante la notte. Anzi, sono tre notti che mi sveglia.
3   (Sull'autobus) Scusi, signorina, mi spiace, ma il suo ombrello mi punta proprio in mezzo alle spalle. Sa, mi fa un po' male.

C   Scrivete dei piccoli dialoghi su queste situazioni. Scegliete il tono che preferite:

  (i)   cortese ma fermo
 (ii)   mite e conciliante
(iii)   seccato

1   Il vostro dottore non vuole spiegarvi che cosa avete esattamente. Avete paura e volete sapere tutto.
2   Al libro che avete appena comprato manca una pagina. Parlate con il libraio e spiegategli il problema.
3   Avete ordinato spaghetti all'arrabbiata ma quando arrivano sono troppo piccanti. Che cosa dite al cameriere?

[in due]   **D**   Nei tre dialoghi che seguono dovrete decidere in che modo volete rivolgervi a una persona (con cortesia e fermezza, con tono mite e conciliante, oppure con irritazione). Potete farlo scegliendo le parole opportune (se decidete di essere B) oppure modificando il tono della voce (se scegliete di essere A).

È consigliabile non leggere la parte del compagno. A ogni nuovo esercizio scambiatevi le parti.

Dialogo 1: Nell'albergo

Studente A

Siete la receptionist di un albergo. Una cliente vuole cambiare stanza. Fate bene attenzione al modo in cui vi parla e modificate di conseguenza il tono di voce delle vostre risposte.

A   Buongiorno.
B   ....
A   Mi dispiace, ma non abbiamo camere libere.
B   ....
A   Guardi, signorina, che le camere sono tutte uguali.
B   ....
A   Mi dispiace, signorina, ma non è proprio possibile. Forse ci sarà una camera libera domani.

Studente B

Siete la cliente di un albergo. Volete cambiare stanza. Scegliete il registro che volete usare con la receptionist: (1) educato ma fermo (2) mite e conciliante oppure (3) seccato. Una volta scelto il registro, mantenetelo per tutto il dialogo.

A   ....

B   1   Vorrei un'altra camera.
    2   Scusi, vorrei un'altra camera, se è possibile.
    3   Voglio subito un'altra camera.

A   ....

B   1   Però quella che ho adesso non va bene, è troppo piccola.
    2   Oh, che guaio! Quella che ho adesso è così piccola e poi c'è tanto rumore . . .
    3   Ma quella che mi avete dato è terribile! È piccolissima, c'è troppo rumore, il letto è duro . . .

A   ....

B   1   E va bene. Ma posso avere un televisore in camera? Voglio guardare il telegiornale.
    2   Ma io non riesco a dormire. C'è un bambino nella camera accanto . . .
    3   Non ci credo! È uno scandalo! Voglio parlare con il direttore . . .

Dialogo 2: In una banca

Studente A

Siete la cassiera. Arriva un cliente. Fate bene attenzione al modo in cui vi parla e modificate di conseguenza il tono delle vostre risposte.

la sede centrale   *central branch*

A   Buongiorno, signore.

B   ....

A   Mi spiace, ma il computer non funziona.

B   ....

A   Purtroppo oggi non è possibile ritirare soldi. Perché non prova alla sede centrale della nostra banca?

B   ....

A   Mi spiace, ma non posso proprio aiutarla. Non insista, la prego.

Studente B

Siete un cliente della banca. Volete cambiare un assegno, ma il computer non funziona. Scegliete il registro delle vostre frasi.

A   ....

B   1   Mi cambia questo assegno?
    2   Vorrei cambiare questo assegno, per cortesia.
    3   Presto, mi cambi questo assegno, ho fretta.

A   ....

non potrebbe   *wouldn't you*

B   1   Ma io ho bisogno di questi soldi. Come faccio?
    2   Eh . . . sempre così con i computer! Ma lei non potrebbe darmi i soldi anche senza registrazione?
    3   Non funziona? Ma come, non funziona. È impossibile! Presto, presto, non posso aspettare!

A   ....

per caso   *by chance*

B   1   Ma la sede centrale è lontana . . .
    2   Oh, ma è così lontana e io devo fare la spesa. Stasera ho amici a cena. Ho tanto da fare. Sia gentile. C'è il direttore, per caso?
    3   Non voglio andare alla sede centrale. È ridicolo. Una banca senza soldi! Dov'è il direttore? È uno scandalo!

Dialogo 3: Nello studio di un dottore

Studente A

Siete la segretaria di un dottore. Rispondete al telefono e una paziente vi dice che vuole vedere il dottore oggi stesso. Fate bene attenzione al modo in cui vi parla e modificate di conseguenza il tono delle vostre risposte.

mi rincresce   *I am sorry*
mi dia retta   *take my advice*

A   Pronto. Studio del dottor Rizzoli.

B   ....

A   Mi spiace, ma non le posso fissare un appuntamento per oggi. Il dottor Rizzoli è molto occupato. Ritelefoni domani.

B   ....

A   Mi dispiace, ma non è proprio possibile. Il dottore Rizzoli è occupatissimo tutto il giorno. Perché non prende un'aspirina?

B   ....

A   Mi rincresce moltissimo, signora. Mi dia retta, prenda un'aspirina e vada a letto.

Studente B

È un po' di tempo che avete dei dolori addominali e decidete di telefonare alla segretaria del dottore per fissare un appuntamento nel pomeriggio. Scegliete il tono da usare: (1) educato, (2) mite e conciliante o (3) brusco. Una volta scelto il registro, mantenetelo per tutto il dialogo.

A   *(risponde al telefono)* ....

B   1   Buongiorno. Vorrei vedere il dottore oggi pomeriggio.
   2   Buongiorno. Sarebbe possibile fissare un appuntamento per oggi pomeriggio?
   3   Buongiorno. Devo vedere il dottore oggi stesso.

A   ....

B   1   Ma io ho dei dolori terribili da ieri sera.
   2   So che è molto occupato, ma sto davvero molto male, non ce la faccio più.
   3   Senta un po'. Io sto male, ha capito? Non ho nessuna intenzione di aspettare!

A   ....

B   1   Un'aspirina? Ma non capisce, signorina? L'aspirina non serve a niente. Ho bisogno di una visita completa.
   2   Ho già preso l'aspirina, ma non è servita a niente. Per piacere, signorina . . . io conosco bene il dottore. È un mio amico. Vorrei vederlo per un attimo.
   3   Ma che aspirina e aspirina! Non mi faccia ridere. Ho detto che voglio vedere il dottore e lo vedrò. Sarò lì tra un quarto d'ora.

Attività

[in piccoli gruppi]

* **saperci fare:** '. . . essere in gamba, uscire vantaggiosamente da ogni situazione'. *Lo Zingarelli, Vocabolario della lingua italiana* (Bologna, 1993).

Il gioco di chi ci sa fare

Questo gioco è una prova delle vostre capacità di persuadere gli altri e del fatto che **ci sapete fare**.*

Prima fase

Qui sotto ci sono cinque situazioni difficili. Cominciando dalla prima e lavorando in piccoli gruppi, inventate una strategia per risolvere i vari problemi. Poi scrivete un dialogo che metta in pratica la strategia che avete scelto.

Seconda fase

Ogni gruppo legge il proprio dialogo agli altri. Si passa poi a discuterlo per scegliere la strategia più efficace. I criteri di scelta possono essere i seguenti:

1   la forza di persuasione degli argomenti usati per convincere l'altra persona.
2   la presenza di un elemento comico, oppure patetico, che può dare più 'chances'.**
3   la presenza, sullo sfondo, di una 'filosofia di vita'.

** **chances**   la pronuncia normalmente usata è quella francese.

Terza fase

L'insegnante, in base alla discussione, dà un voto (da tre punti a uno) ad ogni gruppo.

Quarta fase

Il gruppo con più voti avrà gli applausi di tutta la classe e forse anche un piccolo premio.

Le situazioni

1   Non avete soldi: chiedete una mela a un fruttivendolo.
2   Non avete soldi: chiedete 50.000 lire al vostro amico.
3   Avete bevuto un po' troppo a una festa. Non volete guidare e non volete spendere i soldi per un taxi. Volete persuadere una amica a darvi un passaggio in macchina fino a casa (la vostra casa è lontana).
4   Siete alla fermata dell'autobus: vedete una persona molto attraente e volete il suo numero di telefono.
5   Invitate la suocera a prendere il tè a casa vostra. Lei vi porta una bella torta. Mentre preparate il tè in cucina, arriva il gatto e mangia un pezzo della torta. Che cosa dite alla suocera?

Seguito scritto

Pensate a un progetto per il futuro e scrivete le vostre strategie per realizzarlo.

9

Dal dottor Rusconi

Strutture

FISSARE UN APPUNTAMENTO

Mi farebbe la cortesia di fissarmi un appuntamento per stamattina? È veramente urgente.

Buongiorno, vorrei fissare un appuntamento col dottor Rusconi.

Mia figlia è malata! Mi deve fissare un appuntamento per oggi!

Va bene se facciamo alle dieci?
Si accomodi, ma bisogna aspettare un po'.

Mi dispiace, ma oggi non è possibile. Il dottore (la dottoressa) esce fra dieci minuti. Se vuole, può tornare domani.

IL DOTTORE (LA DOTTORESSA)

Come si sente? Che cos'ha?
Dove sente male? Dove le fa male?
Cosa ha mangiato / bevuto?
Ha la febbre? Un attimo, devo misurarle la temperatura e sentirle il polso.
Deve riposarsi / stare a letto.
Deve prendere due compresse / una supposta tre volte al giorno.
Deve prendere degli antibiotici un'ora prima dei pasti / lontano dai pasti / coi pasti principali, per via orale / per bocca / per via rettale.
Ci vogliono delle iniezioni per via intramuscolare.
Ci vogliono sciacqui, gargarismi.
Deve tornare tra due settimane.

MALATTIE

Lei ha l'influenza, un raffreddore.
Ha un'ulcera / il morbillo / la polmonite / l'epatite.
Ha avuto un collasso cardiaco.
Ha un'infezione virale.
Questa malattia è causata da un virus.
Ha una malattia venerea.
Ha l'AIDS.

IL PAZIENTE

> Mi fa male questo orecchio.
>
> Mi fanno male gli orecchi.

Mi sento male/malissimo.
Non mi sento bene.
Dottore, se sapesse che dolore!
Ho dei terribili crampi allo stomaco.
Ho la febbre, non ho appetito, non ho voglia di mangiare.
Ho dolori alle gambe, non posso camminare.
Mi fa male il braccio / il collo.
Mi fanno male gli occhi.
Ho mal di testa/stomaco/schiena/denti.
Può spiegarmi la ricetta? Non riesco a leggerla.
Quando devo prendere queste pastiglie?

potere	dovere	volere
posso	devo	voglio
puoi	devi	vuoi
può	deve	vuole
possiamo	dobbiamo	vogliamo
potete	dovete	volete
possono	devono	vogliono

Preparazione

[in due]

> Dopo **potere, dovere** e **volere** usate l'infinito.
>
> Per esempio: 'Lei non deve fumare'.

A Preparate da soli quello che direste nelle situazioni che seguono e poi provate la scenetta con il compagno.

1 Esercitatevi a usare **posso**.
Il vostro albergo non è comodo come speravate: avete bisogno di un'altra coperta, di una tazza di tè, di un'aspirina, volete fare una telefonata, volete una camera più silenziosa, avete bisogno di un asciugamano pulito e del sapone.

> Signora, fa freddo nella camera.
> Posso avere un'altra coperta?

2 Esercitatevi a usare **deve**.
(a) Entrate in un ristorante e al tavolo vicino al vostro c'è una persona che fuma, nonostante il cartello 'Vietato fumare'. Che cosa dite?
(b) Siete un medico. Arriva un paziente molto grasso, che fuma e beve moltissimo. Ditegli che cosa deve fare.

3 Esercitatevi a usare **vorrei**.
Avete sciato su e giù tutto il giorno e adesso che siete tornati in albergo vi sentite piuttosto stanchi e infreddoliti. Che cosa ordinate al bar?

[in due] **B** Volete avere un figlio ma avete sentito dire che bere molto caffé rende la cosa difficile. Leggete l'articolo con il compagno e decidete se potete continuare a bere il caffé.

L'Espresso, 10 giugno 1990

> **■ CAFFÈ ASSOLTO**
> Tra le molte accuse che si fanno contro il caffè, una si deve considerare definitivamente caduta: non è vero che la caffeina favorisca la sterilità femminile. Il verdetto di assoluzione è basato su una ricerca accuratissima, svolta dal Dipartimento di sanità di Atlanta su circa cinquemila donne alla prima gravidanza. Alcune erano consumatrici di caffè altre no. Ma in tutti e due i gruppi il concepimento è stato ottenuto in eguale percentuale.

[in due]   **C**   Arriverà fra un mese nel vostro paese un amico italiano che ha scritto una lettera chiedendovi come sarà il clima e se dovrà prendere delle precauzioni per la salute. Vuole anche sapere se dovrà fare delle vaccinazioni. Scrivete una breve lettera dando dei consigli.

Ti consiglio di . . .   *I advise you to . . .*
Devi portare . . .   *You must wear . . .*
D'estate piove molto, e perciò devi . . .   *It rains a lot in summer, and so you must . . .*

[in due]   **D**   Perché queste persone non vogliono l'Expo 2000 a Venezia? Discutete insieme le loro ragioni e poi scrivete un articolo su questa controversia.

Artisti, urbanisti, politici, filosofi, protagonisti dello spettacolo: cento personalità della cultura internazionale espongono in questo manifesto a più voci la loro opposizione all'Expo 2000 sulla laguna. «Venezia non è Disneyland. Morirebbe»!

Le polemiche sull'Expo a Venezia son diventate in questi ultimi tempi molto aspre e hanno raggiunto ormai il culmine della loro intensità. Ora non resta che attendere le decisioni definitive. Noi abbiamo pensato, in collaborazione con "La nuova Venezia", di dar voce al vastissimo schieramento che si è opposto alla manifestazione pubblicando cento argomenti per dire no all'Expo, cento pareri di cento firme internazionali. Un vero e proprio manifesto per impedire un'iniziativa che si configurerebbe come una sfida assurda alla salvezza di una delle più belle città del mondo.

LUCIO AMELIO, gallerista
«Ritengo sbagliato concentrare l'Expo in un'unica città così delicata come Venezia. Propongo di decongestionare la situazione designando tre città di mare: Venezia, Napoli, Palermo».

ROSELLINA ARCHINTO, editore
«L'Expo e Venezia sono incompatibili: l'Expo rovina Venezia e Venezia rovina l'Expo, in quanto la struttura della città limita l'afflusso dei visitatori che sono il suo presupposto».

GIULIO CARLO ARGAN, storico dell'arte
«Non solo studiosi ed esperti ma tutte le persone di buon senso si sono espresse contro e l'insistenza di chi vuole l'Expo a Venezia comincia a raggiungere i limiti dell'inverecondia».

MARGHERITA ASSO, soprintendente per i Beni architettonici e ambientali di Venezia
«Venezia non ha spazi per ospitare una Esposizione universale: basti pensare che nel 1942, a Roma, per questo fu costruita un'intera città, l'Eur. Da noi non si può certo fare».

FRANCESCO BARONE, filosofo
«È un progetto folle per una città come Venezia. Anche l'argomento di trasformarla in una città moderna non regge: per questo c'è già Mestre».

AMNON BARZEL direttore del Museo d'arte contemporanea di Prato
«Venezia non rappresenta soltanto un cristallo raffinato sull'acqua, ma una città già distrutta dall'ospitalità. Lasciamola come un prezioso fiore del passato e andiamo con l'Expo verso ambienti meno fragili».

ALDO BASSETTI, industriale
«La ragione della mia contrarietà è in ordine al metodo che stava mettendo in atto Gianni De Michelis: non si può prendere una decisione così importante senza tener conto del parere di coloro che ci abitano, delle forze politiche locali e nazionali e dell'opinione pubblica internazionale».

L'Espresso, 10 giugno 1990

Attività

Dal dottor Rusconi

COME METTERE IN SCENA QUESTA SIMULAZIONE

1   L'insegnante legge le parti a tutta la classe. Poi gli studenti si dividono in gruppi di quattro: paziente, dottore, madre e segretaria. Gli studenti rimasti senza parte possono fare la parte di altri pazienti che hanno urgentemente bisogno di un appuntamento. Ciascuno studente da solo prepara le sue battute (*lines*); quando tutti sono pronti, si riuniscono e mettono in scena la simulazione. Si possono prendere appunti (*notes*).

2   Altro modo di procedere: prima si divide la classe in gruppi di quattro (paziente, dottore, madre e segretaria), poi si raggruppano di nuovo gli studenti in base alle varie parti: i pazienti, i dottori, le madri e le segretarie. I vari gruppi discutono insieme le possibili battute e le scrivono su un foglio. Poi si riformano i gruppi originali e si mette in scena la simulazione.

La signora Battello e sua figlia Marisa sono in visita turistica a Urbino. Hanno appena visitato il bellissimo Palazzo Ducale quando la ragazza comincia a non sentirsi bene. La madre decide di portarla subito da un dottore.

LE PARTI

A   La signora Battello: una donna energica e volitiva, che vuole vedere il dottore a tutti i costi.

B   Marisa, sua figlia: è timida e impacciata e cerca di trattenere la madre.

C   La signora Dozzi, segretaria del dottore: è molto orgogliosa di lavorare per un medico famoso. Sa che il dottor Rusconi è occupato e non vuole permettere visite senza appuntamento.

D   Il dottor Rusconi: un medico gentile e affabile.

Parte A: La signora Battello

Hai deciso che devi vedere il dottore . . . 'Devo vederlo!'. Ma la segretaria ti fa arrabbiare perché trova un sacco di scuse per mandarti via. Tu dici che non puoi aspettare, spieghi che tua figlia sta male e che non puoi tornare domani. Sei una donna che ottiene sempre quello che vuole . . . Ma quando finalmente riesci a vedere il dottor Rusconi, diventi subito piena di bei modi.

Parte B: La segretaria

Ti irriti quando la gente fa delle scenate. Dici alla signora Battello che deve tornare domani, che deve aspettare, che il dottore è molto occupato perché è uno specialista famoso. Ma alla fine cedi e la fai entrare dal dottore.

Parte C: La ragazza Marisa

Cerchi di calmare tua madre dicendo che ti senti un po' meglio, che puoi tornare domani. Più tardi, davanti al dottore, descrivi i tuoi sintomi (per esempio, dici che hai mal di testa, mal di schiena, che ti senti sempre stanca, hai la febbre, non hai appetito).

Parte D: Il dottor Rusconi

Sei un uomo raffinato, molto cortese. Chiedi alla ragazza che cosa si sente e poi fai la tua diagnosi. Le dici che cosa deve fare, per esempio che deve restare a letto tre giorni, che deve prendere delle compresse (e magari anche delle supposte). Scrivi la ricetta che la signora Battello porterà in farmacia, per esempio: 'Due compresse con un po' d'acqua tre volte al giorno (o con i pasti principali)'; consigli medicine come Golaxan, Intestinal, Epatol.

Dici alla madre che deve misurare la temperatura alla figlia ogni giorno ('Mi raccomando, signora, deve misurarle la temperatura ogni giorno') e che poi deve telefonarti.

Seguito scritto

Imparate a farvi valere

Tutti ci siamo trovati qualche volta in situazioni difficili dove abbiamo desiderato sapere imporre con forza la nostra personalità. Inventate un dialogo su uno degli argomenti elencati qui sotto. Poi potrete leggere la scenetta alla vostra classe.

1 Volete restituire al negozio un oggetto che avete comprato.
2 Il vostro capo o la vostra insegnante continua a pretendere da voi cose assurde.
3 Un'amica vi chiede continuamente di tenerle i bambini.
4 *Inventate voi un'altra situazione difficile.*

10
*Giallo veneziano**

Strutture

RACCONTARE AVVENIMENTI PASSATI

È tornata a Venezia il sei gennaio.
Ha incontrato B in centro.
Non sono riuscito a sapere come si chiama.
Si sono incontrati davanti al bar.

DATE E ORE

Questa persona ha incontrato la signora il sette gennaio.
Il dieci marzo ha preso il treno delle 8.42 per Milano.

CONNETTIVI

Poi è tornata a Venezia.
Dopo che ha lasciato il ristorante . . .
Quando il signore ha ricevuto la lettera . . .
Infine la signora è entrata nel ristorante.

VOCABOLARIO PER UN DELITTO

un omicidio	*a murder*	la vittima	*victim*
un delitto	*a crime*	un'indagine	*an investigation*
gli indizi	*clues*	l'omicida/	
la prova	*proof*	l'assassino(-a)	*murderer*
le prove	*proofs, evidence*	assassinare	*to murder*
il sospetto	*suspect*	uccidere	*to kill*

* **Giallo** significa *thriller*.

Preparazione

A   Leggete a turno queste date:

[in due]

3 – 8 – 87	4 – 11 – 94
14 – 6 – 86	3 – 4 – 96
2 – 9 – 88	31 – 1 – 89
1 – 2 – 92	8 – 5 – 32
27 – 3 – 89	21 – 7 – 91

> il 3 agosto millenovecentoottantasette

> ⚠ Si può dire
> **il 3 agosto** o
> **il 3 di agosto**

[in due]

B   Dite a turno che treno avete preso e a che ora siete arrivati(-e).

Per esempio:

> Ho preso il treno
> delle 8.42 da Roma e sono
> arrivato(-a) a Firenze alle 11.09.

(a)	p. Salerno	15.39		(e)	p. Rapallo	14.20
	a. Napoli	16.45			a. La Spezia	15.20
(b)	p. Napoli	5.25		(f)	p. Verona	11.16
	a. Roma	9.30			a. Bologna	13.05
(c)	p. Torino	19.55		(g)	p. Bolzano	19.20
	a. Genova	22.01			a. Trento	20.05
(d)	p. Pisa	12.35		(h)	p. Venezia	17.00
	a. Firenze	13.38			a. Ferrara	18.41

[in due]

C   Quali verbi prendono **essere** nel passato e quali **avere**?
Dopo aver risposto, date a turno il participio passato.

essere	fare	dormire	vendere
diventare	chiedere	uscire	mettere
prendere	entrare	provare	arrivare

il participio passato					
telefon**are**	cred**ere**	part**ire**			
↓	↓	↓			
telefon**ato**	cred**uto**	part**ito**			
Ecco alcuni verbi irregolari:					
essere	fare	mettere	chiedere	prendere	aprire
↓	↓	↓	↓	↓	↓
stato	fa**tto**	me**sso**	chie**sto**	pre**so**	ap**erto**

[in due]   **D**   Il vostro ragazzo (la vostra ragazza) è molto geloso (-a). È stato (-a) via una settimana e adesso che è tornato (-a) vorrà sapere dove siete stati e con chi avete parlato. Preparatevi alle sue domande scrivendo dove siete andati e che persone avete visto. Scambiatevi le parti.

Per esempio:

> Domenica sono andato (-a) in chiesa.

> E chi hai visto in chiesa?

> Ho visto Umberto e Pierina

[tutti insieme]   **E**   Leggete insieme la seguente notizia e poi discutete se la condanna data a questa donna è troppo leggera.

---

drug peddler
uno spacciatore
una spacciatrice
spacciare   *to peddle drugs*

drug addict
un(-a) tossicomane
tossicodipendente
drogato/a*
eroinomane
cocainomane
* usato normalmente

DROGA / Scoperta a Monte Sacro una centrale di spaccio della cocaina

Agenti di polizia del commissariato di Monte Sacro tenevano da tempo sott'occhio l'appartamento di Paola De Cesare, 36 anni, via G. Conti 5, dove era segnalato un continuo viavai di gente. Una casa squillo, pensavano, oppure una centrale di spaccio di droga. Ieri pomeriggio è stata decisa l'irruzione e gli agenti hanno constatato trattarsi non di prostituzione ma di droga. Nell'abitazione della De Cesare sono stati infatti sequestrati 50 grammi di cocaina purissima, un bilancino elettronico, sostanze da taglio. La donna è stata arrestata. Processata per direttissima, per il reato di detenzione al fine di spaccio di sostanze stupefacenti, è stata condannata a un anno e 11 mesi più due milioni di multa.

Corriere della sera, 7 novembre 1989

---

una casa squillo	*a brothel*
lo spaccio di droga	*drug peddling*
l'irruzione	*raid*
constatato	*verified*
sequestrato	*confiscated*
processato per direttissima	*tried summarily*
il reato	*offence*
la multa	*fine*

[in gruppo
o in due] **F** Ecco un 'enigma poliziesco illustrato'. Leggetelo insieme fino in fondo, e poi, in inglese o in italiano, cercate di ricavare la soluzione del problema. Poi confrontate la vostra soluzione con quella data a p. 111.

UN'EVASIONE SENSAZIONALE
Enigma poliziesco illustrato - *Ricavate la soluzione in base al testo ed ai disegni.*

1 Taddeo, un criminale autore di una clamorosa rapina, è evaso dal carcere. La fuga viene scoperta alle 5 di mattina da una guardia, che dà l'allarme.

2 Numerose pattuglie escono subito in perlustrazione, ed una di esse fa una scoperta molto interessante ai piedi del muraglione di cinta della prigione.

3 Nel frattempo il direttore ha fatto chiamare l'ispettore Pepper. Nella cella di Taddeo le sbarre sono state segate: si direbbe che sia fuggito di lì...

4 L'ispettore esamina con cura il muro sotto la finestra della cella, ma non vi è nessuna traccia; anzi, qualcosa lo lascia estremamente perplesso.

5 Pepper rivela al direttore le sue conclusioni: il fuggiasco non si è affatto calato dalla finestra, e quindi ha preso un'altra via, ossia quella della porta.

6 Fra le 21 e le 24 la guardia Rocco ha visto dallo spioncino che Taddeo dormiva. Altrettanto dichiara la guardia Celso, di turno fra le 24 e le 3.

7 Fra le 3 e le 6 era di turno Sergio, la guardia che ha dato l'allarme. Alle 2, anche il vice-direttore ha dato un'occhiata: Taddeo dormiva sempre.

8 Pepper chiede al vice-direttore se, mentre effettuava questa sua ispezione, era stato accompagnato dalla guardia di turno in quel periodo, ossia da Celso.

9 L'ispettore convoca nell'ufficio del direttore le tre guardie: egli è ormai sicurissimo che una di esse ha aiutato Taddeo ad evadere. **Quale delle tre?**

Attività   *Giallo veneziano*

[da soli o in due]   Il 14 gennaio 1986 a Venezia, davanti a un ristorante, è stata uccisa una donna. Siete il detective che si occupa di questo caso. Per prima cosa dovete esaminare il contenuto della borsetta della donna (vedere il dossier alle pagine seguenti) e scoprire chi è e quali sono stati i suoi movimenti nell'ultima settimana. Scrivete poi un rapporto che contenga le seguenti informazioni:

1   Nome della persona.
2   Le diverse città dove è stata, con le date.
3   Con quali mezzi di trasporto ha viaggiato?
4   Dove ha preso alloggio?
5   Descrizione dei ristoranti, bar, negozi dove è stata, con gli indirizzi, il numero di telefono, la data della visita.
6   Le persone che sono menzionate nel dossier.
7   Secondo voi, che cosa ha fatto questa donna e che cosa le è successo?

Ora aggiungete un fatto falso; confrontate la vostra storia con quella del compagno e chiedetegli di trovarlo. Se c'è abbastanza tempo, fate leggere la storia anche agli altri.

13   TORINO-GENOVA-MILANO-VERONA-VENEZIA-UDINE-TRIESTE   13

	🛏+	+	a		I.C.	×	I.C.	×		×	I.C.		I.C.
		22.35					7.10						
TORINO P.N. .... p													
GENOVA P.P. .. p	21.53		....	3.53									
MILANO C. .... p	0.05	1.10	4.02	6.00	7.05	8.00	9.05	11.50	12.00	13.05	14.00	14.20	15.05
BRESCIA .... p	1.32	2.10	4.49	6.48	7.51	8.48	9.51	12.48	12.56	13.51	14.48	15.19	15.51
VERONA P.N. .... p	2.36	2.59	5.33	7.33	8.30	9.33	10.30	13.33	13.45	14.30	15.33	16.40	16.30
VICENZA .... p	3.18	3.34	6.08	8.06	8.59	10.06	10.59	14.06	14.14	14.59	16.06	17.12	16.59
PADOVA .... p	3.45	4.01	6.36	8.30	9.20	10.30	11.20	14.30	14.38	15.20	16.30	18.00	17.20
VENEZIA S.L. ... a	4.20	4.36	7.20	9.00	9.50	11.00	11.50	15.00	15.08	15.50	17.00	18.44	17.50
UDINE .... a	8.54	7.22	9.50	11.40	11.40	13.32	14.46	17.28	18.54	20.26	21.26	20.26	
TRIESTE C. ...... a ▼	7.28	7.28	9.15			13.28							

			× b		×		×		
			I.C.		I.C.		I.C.		
			15.10		17.10		19.10		
TORINO P.N. .... p									
GENOVA P.P. .. p									
MILANO C. .... p	16.00	16.20	17.05	18.00	19.05	20.00	21.05		
BRESCIA .... p	16.48	17.19	17.51	18.48	19.51	20.48	21.51		
VERONA P.N. .... p	17.33	18.40	18.30	19.33	20.30	21.33	22.30		
VICENZA .... p	18.06	19.30	18.59	20.06	20.59	22.06	22.59		
PADOVA .... p	18.30	20.00	19.20	20.30	21.20	22.30	23.20		
VENEZIA S.L. ... a	19.00	20.30	19.39	21.00	21.50	23.00	23.56		
UDINE .... a	22.08	22.32	22.08	23.20	1.04	1.40	1.40		
TRIESTE C. ...... a ▼	....	....	21.42						

a Milano Lambrate - b Venezia Mestre - 🛏 + = 2ª classe.

Parrucchiere « JOLI »
di **TONIOLO LUCIA**

Sede e luogo conservaz. documenti fiscali
Dorsoduro 1190/B - Tel. (041) 25.379
V E N E Z I A

Dom. Fisc.: Via Torni, 24 - Mogliano Veneto (Tv)

Codice Fiscale: TNL LCU 36T54 F269P
Part. I.V.A. 00727760266

RICEVUTA FISCALE (Art. 2 D.M. 2-7-80)	DATA	8 - 1 - 86	
Quantità	Descrizione beni o servizi (natura-qualità)		Importo
1	SHAMPOO . . .		3
1	PIEGA *F O/y* . .		15
	RIPRESA . .		
	TAGLIO . . .		
1	LOZIONE . . .		3
	COLORE . . .		
	DECOLORAZIONE .		
	MÈCHES . .		
	CACHET . . .		
	PERMANENTE . .		
	CREMA . . .		
	MANICURE . . .		
	PEDICURE . . .		
	SERVIZI VARI . .		
	SPUNTATA . . .		
	PETTINATA . . .		
			9I

TOTALE CORRISPETTIVO (iva inclusa)

☐ Prestazione di servizio senza riscossione del corrispettivo

☐ Prestazione riscossa per L. ....

NOTE ....

		Numero interno
XRP N° 17354 **/85**		28

Aut. Minist. Finanze n. 369501 del 13.12.1979

Monico - Cannaregio, 6108 - Venezia - Tel. 52.229.66

Cara Marina

B. non ti ha visto davanti alla Scala.

Ci rivediamo a Venezia non mancare

G.

TEATRO ALLA SCALA
Milano - Via Filodrammatici, 2

NUMERATO
SECONDA GALLERIA

- 9 GEN. 1986   # 1 1 0 0 0

A   N° 3494

CONSERVARE IL PRESENTE BIGLIETTO PER IL CONTROLLO

⚓ **MILANO** ASSICURAZIONI

TEATRO ALLA SCALA

POSTO NUMERATO
SECONDA GALLERIA

N. **176**

146

11

Inchiesta sulle vacanze

Strutture

FARE DOMANDE SULLE VACANZE DEGLI ALTRI

Sei tornato (-a) in macchina?	Ti ⎫
Quando è tornato (-a)?	Le ⎬ è piaciuto il posto?
Dov'è andato (-a)?	Vi ⎭
Con chi siete andati (-e)?	Com'era l'albergo?
Quanto siete rimasti (-e)?	I ristoranti sono cari?

Sei andato (-a) a Firenze?

Ci ⎧ vai ⎫
⎨ va ⎬ ogni anno?
⎩ andate ⎭

Preferisci ⎫
Preferisce ⎬ le vacanze nel vostro paese o all'es
Preferite ⎭

RACCONTARE DELLE PROPRIE VACANZE

Sono andato (-a) in vacanza in dicembre.
Sono partito (-a) il due giugno, e sono tornato (-a) alla fine di agosto.
Ci siamo rimasti (-e) due mesi.
Mi ha accompagnato la mia fidanzata.
Ci siamo divertiti (-e) molto!
È un bel posto, c'è molto da vedere, molto da fare, la cucina locale è
    magnifica.
L'albergo mi è piaciuto molto.
Che schifo, la pensione!
Sono di gusti semplici, non mi piace spendere molto per i divertimenti.

FARE DOMANDE AL PASSATO PROSSIMO

	tu	lei	voi
verbi con **avere**	hai	ha	avete
verbi con **essere**	sei	è	siete
verbi riflessivi	ti sei	si è	vi siete

Per esempio:

Cos'hai fatto di bello?
Cos'ha fatto di bello?   Quando ⎧ sei partito (-a)?
Cosa avete fatto di bello?   ⎨ è partito (-a)?
                                   ⎩ siete partiti (-e)?

Ti sei divertito (-a)?
Si è divertito (-a)?
Vi siete divertiti (-e)?

Preparazione

A Riuscite a riordinare le lettere di questi participi passati? I verbi sono:

partire	piacere	o p r a t t i	i a u t o p i c
rimanere	divertire	r o i t m s a	e v t i t d o i r
stare	conoscere	a t o t s	c o o c u o n s i t
tornare	arrivare	n r o a t t o	r i t v a r a o

[in due] **B** Pensate a cinque posti che conoscete nel vostro paese. Chiedete al compagno se c'è mai stato.

Per esempio:

Poi pensate a cinque posti all'estero e fate domande simili.

[in due] **C** Ripensate alla vostra ultima vacanza in Italia. Dite a turno se vi sono piaciute le cose dell'elenco.

Per esempio:

La famiglia di Aldo mi è piaciuta molto.

	mi è piaciuto	l'albergo
	mi è piaciuta	la pensione
non	mi sono piaciuti	i ristoranti
	mi sono piaciute	le gelaterie
	mi sono piaciute	le belle statue

1 Roma
2 la cucina italiana
3 gli uomini italiani o le donne
   italiane
4 la moda
5 il caffè

6 il Vaticano
7 il paesaggio italiano
8 andare in treno
9 le città medievali
10 la Sicilia

D   Immaginate che questa donna, Ms J. Andrew, sia un corriere della droga. Siete un poliziotto e dovete scrivere un rapporto suoi movimenti, in particolare sul periodo che ha trascorso a Bangkok. Potete cominciare così: 'Ms J. Andrew è partita da Sydney . . .'

Wishes you a pleasant journey

Trans Australia Airlines

YOUR ITINERARY   MS J Andrew

DAY	DATE	DEP.	TIME	ARR.	TIME	FLIGHT No.	REMARKS
FRIDAY	27 DEC	SYDNEY	1315	ROME	0625 (28DEC)	QF5	*Domestic check-in 30 mins. International check-in 90 mins.*
MONDAY	27 JAN	ROME	1935	BANGKOK	1420 (28 JAN)	SQ23	*Please reconfirm your return/ onward flights at least 72 hours prior to departure.*
THURSDAY	30 JAN	BANGKOK	1845	SYDNEY	0635 (31 JAN)	QF16	*Thank-you.*

Timings are local times and subject to change

[in due]   **E**   Dove siete andati in vacanza l'anno scorso? Nella Costa d'Avorio, nel Madagascar, in Libia, in Algeria, in Marocco, nella Grande Mela, nel Sud degli Stati Uniti? Incontrate un amico italiano che vi fa queste domande:

1   Dove sei andato (-a) nelle ultime vacanze?
2   *Ripetete il nome del posto.* Dove si trova esattamente?
3   Quando ci sei andato (-a)?
4   Con chi ci sei andato (-a)?
5   Che cosa hai fatto?
6   Ti sei divertito (-a)?
7   *Fine del dialogo.*

Ora scambiatevi le parti, e questa volta usate la forma col 'Lei'.

Attività   *Inchiesta sulle vacanze*

[in piccoli gruppi]   Lavorate tutti per una grossa agenzia di viaggi. Il vostro capo vuole conoscere le abitudini vacanziere della gente della vostra città per poter studiare nuovi pacchetti vacanze.

Vuole sapere dove va la gente in vacanza, quanto si ferma, e qual è il suo posto di vacanza ideale. Vi ha diviso in quattro gruppi, secondo le aree di studio e vi ha lasciato gli schemi qui sotto. Insieme col vostro gruppo, decidete le domande e intervistate le persone della classe. Più tardi, se avanza tempo, ogni gruppo può scrivere i risultati e presentarli agli altri gruppi.

INCHIESTA SULLE VACANZE

1   Il posto
- Mare / montagna / estero / nel vostro paese
- Si raggiunge con la macchina / l'aereo / il treno / il pullman
- Albergo / pensione / campeggio / parenti / casa / appartamento in affitto
- Con la famiglia / gli amici
- Vi è piaciuto il posto?
- Durata del soggiorno
- Descrizione del posto. È isolato, affollato, alla moda, ecc.?
- Adatto per i bambini
- Altro?

2   I costi
- Dell'albergo, ecc.
- Del viaggio, dei biglietti, della benzina
- Quanto avete speso per i divertimenti / il mangiare?
- Regalini / souvenirs / vestiti
- Vi piace spendere molto quando andate in vacanza?
- Riuscite a risparmiare per le vacanze?
- Altro?

3   Passatempi/divertimenti
- C'erano molti night, discoteche?
- Campi da tennis, barca a vela, ecc.?
- Cosa avete fatto per divertirvi?
- Avete mangiato in casa, al ristorante, in pizzeria, alla tavola calda?
- Nuove amicizie? Un piccolo 'flirt'?
- Altro?

4   La vacanza ideale
- Posto preferito
- Albergo / campeggio / posto isolato
- Gli sport e i passatempi
- Con chi preferite passare le vacanze?
- Con viaggi organizzati o preferite essere indipendenti?
- Il costo?
- Altro?

Seguito scritto

In piccoli gruppi di 2–3 persone inventate un dépliant per un albergo / una pensione di cui siete proprietario(-a).

12

Su con la vita!
Un club per la bellezza e per la salute

Strutture

DARE SUGGERIMENTI SU COME MIGLIORARE LA PROPRIA AUTOIMMAGINE

Perché non mangi una carota quando hai voglia di un panino?
Ecco il mio segreto . . .
Questo per me funziona bene . . .
Ho avuto abbastanza successo con questo . . .

PARLARE DEI PROBLEMI DI PESO

Non resisto mai alla tentazione di mangiare qualche cioccolatino.
Il guaio è che il mio passatempo preferito è di cenare con gli amici.

COME PARLARE DEL PROPRIO PESO

Quanto pesi?   Peso 60 chili.

Sono sopra il mio peso ideale di un chilo e due etti.
Dio mio! Sono aumentato (-a) di un chilo!
Incredibile! Continuo a dimagrire anche se mangio di tutto!

LA CURA DIMAGRANTE

le proteine	*proteins*	grassoccio	*plump*
i carboidrati	*carbohydrates*	corpulento	*stout*
i grassi	*fats*	sovrappeso	*overweight*
dimagrire	*to get thin, lose weight*	snello	*slim*
grasso	*fat*	magro	*skinny*

essere ingordo	*to be greedy*
fare del moto	*to do exercise*
tenersi in allenamento	*to keep fit*
fare il footing	*to go jogging*
stare in buona compagnia	*to enjoy good company*
lo stress	*stress*
l'ansia, l'angoscia	*anxiety, great distress*
divorare	*to devour*
abbuffata	*a meal where you eat to breaking point*
gran mangiatore (mangiatrice)	*a big eater*
far da mangiare/cucinare	*to prepare a meal*
squisito	*delicious*
la carne magra	*lean meat*
i formaggi magri	*low-fat cheeses*

L'appetito vien mangiando. *Your appetite comes once you start to eat (Italian proverb).*

LA PASTASCIUTTA

Pastasciutta: *spaghetti, fettuccine, maccheroni, farfalle,* etc. with *sugo* or butter, cream, etc., i.e. it's a dish. The word is not used for dishes with *ravioli, tortellini,* etc. for which there is no collective noun.

Pasta (sing. only): (1) dough (2) pastry (as in shortcrust pastry, *pasta frolla,* flaky pastry, *pasta sfoglia.*

Pasta: (1) pastry (as in doughnut, danish, *cannoli,* bigne, etc.)
(2) collective noun for *spaghetti, maccheroni,* etc. and all hard types.

Pasta fresca: freshly made pasta, to be eaten on the same day.

Pasticcino: small delicate pastry, e.g. *bignè,* petit-four.

Pasticceria: (1) cake shop (2) collective noun for cakes and pastries in a technical cookery-book sense, otherwise *i dolci.*

Pasticcio: savoury pie, usually with complex filling.

Preparazione
[in tre gruppi]

A   Fate un elenco di piatti che fanno ingrassare, cercandoli sui vostri libri di cucina italiana. Dividetevi in tre gruppi: il primo elencherà i primi piatti, il secondo i secondi piatti e il terzo i dolci. Alla fine della lezione ogni gruppo legge la propria lista agli altri. Ecco alcuni piatti, per cominciare:

Primi piatti	Secondi piatti	Dolci
spaghetti alla puttanesca	cotolette alla milanese	zabaglione
tagliatelle al ragù	saltimbocca alla romana	gelato
tortellini alla panna	involtini alla maggiorana	zuppa inglese
		sufflé
		tiramisù
		fragole al marsala

B   Cercarte sui ricettari di cucina italiana le ricette di qualcuno dei piatti elencati sopra e scrivetele. Ecco alcune parole che vi possono aiutare:

gli ingredienti	*ingredients*
ci vuole/vogliono	*you need*
bisogna	*you must*
la padella	*pan*
la pentola	*saucepan*

[in due]   **C**   Con l'aiuto del vostro ricettario, rispondete: se foste invitati a una 'grande abbuffata' di che cosa vi rimpinzereste? Dite al compagno quello che mangereste.

> Ecco, se fossi invitato (-a) a una grande abbuffata mangerei una montagna di zuppa inglese!

D   Provate a risolvere questo rompicapo!

ostriche   *oysters*

Abbuffata per gastronomi: Ugo Tognazzi, Gualtiero Marchesi e Gault (della celebre ditta Gault & Millau) fanno parte della giuria di un concorso gastronomico. Durante la cerimonia finale un'enorme portata di ostriche eccita la loro golosità.

Ne viene fuori una vera e propria gara: alla fine Tognazzi ne ha mangiate 20, Marchesi quanto Tognazzi e Gault messi insieme, mentre Gault ha divorato una quantità di ostriche pari a quella di Tognazzi più la metà di quelle mangiate da Marchesi. Quante ostriche hanno mangiato Marchesi e Gault?

Soluzione a p. 111.

[in due]   **E**   A turno fate il dietologo e consigliate il vostro vicino, programmategli la dieta di domani, cominciando con la prima colazione. Questo sarà il primo giorno della dieta dimagrante. Insieme scrivete la cura.

[in due]   **F**   'Life in' è un centro per la salute e la bellezza che si trova a Milano e che offre ai suoi soci una serie di trattamenti. Leggete insieme 'cardio funk' e poi rispondente a queste domande:

1   Vi piace questa idea?
2   Se prendete già lezioni di aerobica, pensate che valga la pena passare alla cardio funk? Che cosa vi offre di più?

CARDIO FUNK

Dopo il tramonto dell'aerobica e l'avvento dei recenti high e low impact, ecco dall'America una nuova disciplina: cardio funk, ossia una combinazione di movimenti atti a far lavorare tutte le parti del corpo sviluppando la coordinazione e stimolando l'attività cardio-vascolare.

A differenza dell'aerobica che puntava principalmente sul saltello per conferire una maggior resistenza, la lezione di cardio funk contiene una serie di esercizi coordinati che si legano senza interruzione (come una danza) ottenendo lo stesso risultato. La cardio funk inizia con cadenze calme e moderate, per poi coinvolgere nel ritmo e nella musica con sequenze di esercizi più veloci e coordinati.

Con questo insegnamento gli allievi combinano i movimenti della low impact con le movenze della danza funk. Tutti si sentiranno coinvolti nella musica e in ritmi vivaci e divertenti che ricordano più la danza che la ginnastica tradizionale. Quindi i nuovi ingredienti sono: coordinazione, ritmo, resistenza e vivacità; tutti elementi utili per affrontare con grinta e serenità la vita di tutti i giorni.

[in due] **G** Il dottor Dario Gerosa, dietologo e nutrizionista, offre questo consiglio per chi deve perdere 3–4 chili accumulati nell'inverno. In che consiste il suo consiglio? Secondo voi, è buono?

Ma qual è la regola da seguire?

si dimezza	*is halved*
grammi	*grammes*
etto	*hectogramme*
frattaglie	*giblets, liver*
cervella	*brains*
selvaggina	*game*

«Suggerisco di scrivere giorno per giorno, durante tutta una settimana, quello che si mangia e si beve. E quindi di ridurre ogni elemento di un terzo. Per esempio la bistecca di 150 grammi diventa di un etto, i due panini sono poco più di uno, il piatto di riso o di pasta praticamente si dimezza, i tre o quattro bicchieri di vino scendono a un bicchiere scarso e così via. Questo è un modo semplificato di darsi una regola quantitativa, senza rinunciare alle proprie abitudini alimentari. Serve inoltre a rendersi conto di quanto si mangia.

«E può far perdere mediamente 2 chili in un mese.

«Se però esiste un livello di colesterolo alto o tendenzialmente alto, non basta ridurre il numero delle calorie, bisogna anche limitare tutti gli alimenti che ne sono maggiormente apportatori di colesterolo, come i grassi animali e i cibi che li contengono, cioè le carni grasse e i salumi, le uova, i formaggi, il burro, il latte intero, i latticini e lo yogurt a latte intero, tutti i gelati all'infuori dei sorbetti e di quelli di frutta. L'elenco delle limitazioni si completa con le frattaglie, la cervella, la selvaggina, la cioccolata, la gran parte dei dolci perché sono confezionati inevitabilmente con grassi animali».

Corriere della salute, Dossier Salute, 23 aprile 1990

[in due] **H** È sempre un problema sapere quale preposizione mettere dopo il verbo e prima dell'infinito. Ecco alcuni verbi più communi:

> ! *to try* cercare di
> tentare di
> provare a

a	di	senza preposizione
andare	chiedere	amare
abituarsi	comandare	desiderare
aiutare	dire	odiare
imparare	domandare	piacere
incoraggiare	decidere	preferire
insegnare	dimenticare	
invitare	dispiacere	
mandare	finire	
mettersi	giurare	
persuadere	offrire	
provare	permettere	
rinunciare	pregare	
riuscire	ricordare	
	scegliere	
	smettere	
	sperare	
	suggerire	
	vergognarsi	

A turno inventate e scrivete molte frasi (almeno dieci) usando questi verbi.

Per esempio:
In Italia ho imparato a mangiare poco la sera.

[in piccoli gruppi]   **I**   Sapete dare qualche suggerimento a queste persone in difficoltà, tutte con problemi legati al mangiare? Discutete la soluzione con i compagni. Se vi resta tempo, scrivete una lettera a **una** di queste persone.

il sindaco   *mayor*
accorgersi   *to realise*
cicciottella   *plump*
snelle   *slim*
laggiù   *over there*
il maiale   *pork*

1   Frequento ambienti molto eleganti e le mie amiche sono molto ricche. Purtroppo mio marito ed io ultimamente abbiamo perso un sacco di soldi. Sono stata invitata ad un ricevimento in onore del sindaco di Verona (che è cliente di mio marito), ma non posso permettermi un vestito nuovo. So che se metterò un vestito che ho già messo altre volte, le mie amiche se ne accorgeranno. Però ho un bellissimo vestito che non metto da dieci anni, ma mi è stretto sui fianchi (*hips*). Che cosa posso fare?

ORNELLA *Milano*

2   Ho sedici anni. Il mio ragazzo dice gli piaccio cicciottella (in famiglia siamo tutti un po' abbondanti), ma io mi sono accorta che fa sempre i complimenti alle mie amiche perché sono snelle, e ogni volta ci rimango molto male. Pensi che dovrei dirgli qualcosa?

TERESA *Catania*

3   Una mia giovane nipote americana verrà ospite da noi a Firenze per la prima volta. (Mio fratello ha sposato un'americana e abita laggiù da vent'anni.) Che cosa devo prepararle per il suo primo pasto in Italia? Il problema è che lei è vegetariana e le piacciono i 'cibi organici'.

CARLA *Firenze*

4   Sto seguendo una dieta da tre mesi, ma mia madre ha paura che io diventi anoressica, e non fa altro che prepararmi piatti di pastasciutta, salsicce, maiale e patatine fritte. Dato che (*given that*) lavoro tutto il giorno, le sono grata di pensare lei a fare da mangiare. Ma che cosa posso dirle?

EMILIA *Bologna*

Attività

Su con la vita!
Un club per la bellezza e per la salute

[in piccoli gruppi]

Purtroppo tutti abbiamo problemi di linea. Per risolverli ci siamo iscritti a un club che chiameremo *Su con la vita!* Ecco il programma per oggi:

⚠ Serve una bilancia.

Primo stadio (non è obbligatorio)

Vi salutate e poi vi pesate. Una persona segna il peso di ognuno. Discutete il vostro peso con gli altri. Siete dimagriti, rimasti stabili o ingrassati?.

Secondo stadio

Seduti in cerchio, tutti scrivono su un pezzo di carta un momento di debolezza che hanno avuto durante la settimana passata. Per esempio:

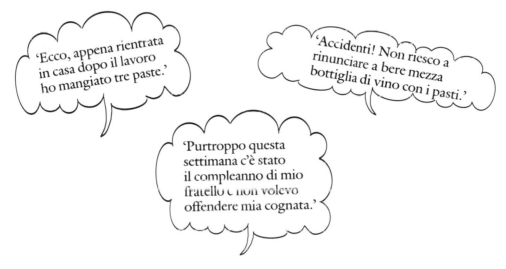

'Ecco, appena rientrata in casa dopo il lavoro ho mangiato tre paste.'

'Accidenti! Non riesco a rinunciare a bere mezza bottiglia di vino con i pasti.'

'Purtroppo questa settimana c'è stato il compleanno di mio fratello e non volevo offendere mia cognata.'

Terzo stadio (esercizio di autoimmagine)

Ora discutete in gruppo le vostre esperienze e aiutatevi a vicenda a risolvere i vostri problemi. È il momento di costruire un' immagine positiva di voi stessi e di dare consigli agli altri . . . (Se volete potete prendere appunti su un foglio prima di cominciare.)
Per esempio:

Invece di bere birra ogni giorno, perché non vai a trovare un amico?

E allora, perché non fai un po' di esercizio?

Trovo utile bere tre bicchieri d'acqua prima di uscire.

Devi trovare il tempo per rilassarti e fare qualcosa che ti piace.

Quarto stadio (ipnosi)

[tutti insieme]   Chiudete gli occhi e l'insegnante cercherà di ipnotizzarvi per liberarvi dal desiderio di mangiare troppo e per darvi un'autoimmagine molto positiva:

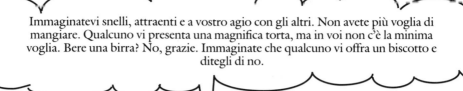

Immaginatevi snelli, attraenti e a vostro agio con gli altri. Non avete più voglia di mangiare. Qualcuno vi presenta una magnifica torta, ma in voi non c'è la minima voglia. Bere una birra? No, grazie. Immaginate che qualcuno vi offra un biscotto e ditegli di no.

Seguito scritto

Alcuni amici italiani saranno vostri ospiti per qualche giorno. Fate il menù per due o tre giorni e, se è necessario, scrivete le ricette di cui avrete bisogno.

13

Agenzia Felicità

Strutture

INFORMARSI SU COME SONO E CHE COSA FANNO GLI ALTRI

Che tipo è/sei?
Qual è la sua/tua professione?
Che tipo di lavoro fa/fai?
Che studi ha/hai fatto?

Com'è / Come sei fisicamente?
Che segno zodiacale le/ti piace?
Le/ti piace la montagna?
Di che colore sono i suoi/tuoi occhi?

Il partner ideale

Quanti anni deve avere il suo partner ideale?
Preferisce un uomo che fa un lavoro manuale o un lavoro intellettuale?
È importante che il partner desiderato abbia un titolo di studio?
Vuole che sia ricco?

CONFRONTARE DUE PERSONE

Secondo me, non è la persona adatta.	He (she) is not suitable in my opinion.
Hanno interessi/gusti diversi.	They have different interests/tastes.
È troppo vecchio per lei.	He is too old for her.
Il loro livello d'istruzione è uguale.	They have reached the same educational level.
È ricca quanto lui.	She is as rich as he is.
Ha troppi anni. / È troppo vecchio.	He is too old.
Ha più anni di lei. / È più vecchio di lei.	He is older than her.
Ha meno anni di lei. / È più giovane di lei.	He is younger than her.
A lei piace ballare e anche a lui piace ballare.	She likes dancing and he likes dancing too.
A lei piace viaggiare, mentre a lui piace restare a casa.	She likes travelling but he likes staying at home.
A tutti e due piace lo sport.	They both like sport.
Non andrebbero d'accordo.	They wouldn't get on.
Lui preferisce andare al night più che restare a casa.	He prefers going to nightclubs to staying at home.
Lei è la partner ideale per lui.	She is the ideal partner for him.
Secondo me, Marisa è la migliore di tutte.	Marisa is the best of all of them, in my opinion.
Dunque siamo d'accordo? Questi due vanno insieme?	So we agree? These two go together?

piacere
Quando confrontate i gusti di due persone, dovete dire:

a me piace/piacciono . . . , **a te** . . .
a noi piace/piacciono . . . , **a voi** . . .
a lei piace/piacciono . . . , **a lui** . . .
a voi piace/piacciono . . . , **a loro** . . .

Per esempio:
A lei piace ballare, a lui piace restare in casa.
A chi piace il mare?
Piace a lui ma non a lei.

Le forme più comuni per *older than* and *younger than*:

È più vecchio (-a) / più giovane di . . .
È maggiore/minore di . . .

Preparazione

[in due]

A   Elencate cinque personalità famose del mondo d'oggi e poi discutete su chi è più bello (-a).

Per esempio:

più di	*more than*
meno di	*less than*

[in due]   **B**   Siete due buongustai. Discutete le diverse cucine.

Per esempio:

---

as . . . as
! (tanto) . . . quanto
▯ (altrettanto) . . . quanto
. . . come

Per esempio:
Questa bambina è bella
  come un angelo.
È ricco quanto me.

---

the best
! il   migliore
▯ la   migliore
i   migliori
le   migliori

> Sai, la cucina tedesca è molto meno interessante di quella francese.

> Non sono d'accordo!

> La cucina italiana è interessante quanto quella cinese.

- la cucina americana
- la cucina inglese
- la cucina cinese

- la cucina giapponese
- la cucina canadese
- la cucina libanese

Scegliete voi altre cucine nazionali diverse. Non dimenticate i vini.

[tutti insieme]   **C**   Fate una piccola e rapida inchiesta nella vostra classe per scoprire quali sono le doti personali più importanti per un rapporto duraturo.

Per esempio:

> Per un buon rapporto è importante il senso dell'umorismo.

> Credi che le doti fisiche siano più importanti, meno importanti o altrettanto importanti delle doti personali?

> Secondo me, le doti fisiche sono meno importanti.

[in due] **D** Chi è il vostro partner (la vostra partner) ideale? Siete entrati nell'Agenzia Valentino, che combina matrimoni. A turno fate l'intervistatore e il cliente. Chi fa l'intervistatore deve fare una scheda (*card*) con le seguenti informazioni:

> l'informazione
> *a piece of information*
> le informazioni
> *information*

Agenzia Valentino Scheda Cliente

Nome	**Indirizzo**
Cognome	
Età	
Nazionalità	
Sesso	

Partner ideale
Caratteristiche fisiche:

Corporatura:	magro (-a), muscoloso (-a), atletico (-a), snello (-a), grassoccio (-a)
Statura:	alto (-a), basso (-a), di statura media
Occhi:	azzurri, neri, verdi, ecc.
Capelli:	castani, biondi, lunghi, corti, tinti, ossigenati, punk
Età:	
Nazionalità:	
Titolo di studio/professione:	
Qualità:	dinamico (-a), sportivo (-a), passionale, . . .
Requisiti:	deve vestire sempre bene? deve volere figli? . . .
Interessi e hobby:	deve amare i viaggi? deve giocare a tennis? ecc.

Notate l'uso del congiuntivo dopo **voglio/vorrei che, mi piacerebbe che . . .** (anche quando sono sottintesi!)

Dopo il presente di **volere**, si usa il presente del congiuntivo:
Vuole che **sia** alto (-a)?
Voglio che **sia** un tipo sportivo.
Non voglio che **abbia** i capelli biondi.

Dopo il condizionale, si usa l'imperfetto del congiuntivo:
Vorrei che **fosse** molto bello (-a).
Mi piacerebbe che **fosse** ricco (-a).

il congiuntivo di **essere**	
presente	**imperfetto**
sia	fossi
sia	fossi
sia	fosse
siamo	fossimo
siate	foste
siano	fossero

il congiuntivo di **avere**	
presente	**imperfetto**
abbia	avessi
abbia	avessi
abbia	avesse
abbiamo	avessimo
abbiate	aveste
abbiano	avessero

Non la voglio gelosa.

Attività   *Agenzia Felicità*

[in due]   Lavorate tutti e due all'Agenzia Felicità, un'agenzia matrimoniale. Dovete studiare le schede degli uomini e delle donne e formare le coppie: Marisa va con . . . ? Franca va con . . . ? ecc.

> ⚠ In Italia spesso si mette il cognome prima sui moduli.

AGENZIA FELICITÀ   Gli uomini

Nome CALVI Enrico
Età 29 anni
Stato civile Scapolo
Interessi Pilotare aerei, gli sport subacquei

Professione Avvocato
Partner desiderata
Donna distinta, di buona famiglia, alto grado d'istruzione, molto bella, snella, e anche ambiziosa perché io sono ambizioso.

Nome SANTIN Alberto
Età 27 anni
Stato civile Scapolo
Interessi Ascoltare la musica classica e andare ai concerti. Sto imparando a suonare la chitarra.

Professione Impiegato statale
Partner desiderata
Una ragazza carina, affettuosa, che voglia formarsi una famiglia. Ma prima vorrei girare il mondo con lei.

Nome COMIN Salvatore
Età 35 anni
Stato civile Divorziato, un bambino
Interessi Poco tempo libero, sono sempre occupato a scrivere, leggere o lavorare il legno

Professione Scrittore, ma anche falegname
Partner desiderata
Soprattutto affettuosa, deve piacerle la vita semplice, non importa il grado d'istruzione. Deve anche amare i bambini.

Nome DI STEFANO Carlo
Età 27 anni
Stato civile Scapolo
Interessi Il golf, il ballo

Professione Meccanico
Partner desiderata
Una ragazza carina, le deve piacere cucinare e uscire a ballare con gli amici. Affettuosa a leale.

Nome ORFICI Gianni
Età 25 anni
Stato civile Scapolo
Interessi La vela

Professione Laureando in medicina
Partner desiderata
Soprattutto indipendente, ma anche bella, sexy. Devono piacerle il mare e le barche a vela. Deve essere pronta a vivere all'estero.

Nome MOLISSINO Massimo
Età 35 anni
Stato civile Scapolo impenitente!
Interessi Frequentare 'i night' con le belle donne! Ballare sempre

Professione Ufficiale di marina
Partner desiderata
Una bella ragazza che sappia godere la vita, che voglia sposarsi quando avrà 80 anni! Una ragazza che si vesta bene.

AGENZIA FELICITÀ   Le donne

Nome BELLONI Marisa

Età 20 anni

Stato civile Nubile

Interessi Suonare il violino, studiare le lingue, giocare a tennis

Professione Studentessa universitaria
Partner desiderato
Un ragazzo generoso, serio, leale, gli deve piacere la musica e viaggiare. Età: 20–26 anni.

Nome GUCCI Franca

Età 35 anni

Stato civile Divorziata, 2 bambini

Interessi Adoro la cucina italiana! Mi piace restare a casa a leggere gialli e romanzi, ma anche andare a teatro e a ballare.

Professione Casalinga e commessa a metà tempo
Partner desiderato
Un uomo generoso, che ami i bambini, gli deve piacere restare a casa. Gentile e col senso di umorismo.

Nome BUONGIORNO Clarissa

Età 26 anni

Stato civile Divorziata, senza figli

Interessi Sono sempre in aereo, in viaggio verso posti nuovi. Mi piacciono i bambini e sono molto affezionata ai figli di mia sorella.

Professione Hostess su aerei di linea
Partner desiderato
Soprattutto affettuoso e leale, un po' ambizioso, di buona famiglia, distinto. Deve piacergli il ballo.

Nome GOLINO Patrizia

Età 18 anni

Stato civile Nubile

Interessi La musica folk, la pesca subacquea e la vita attiva. Non mi piace studiare!

Professione Studentessa di scienze
Partner desiderato
Affettuoso ma indipendente. Deve amare i viaggi e la vita attiva. Non deve voler figli, almeno per parecchi anni.

Nome BEVILACQUA Sabina

Età 24 anni

Stato civile Nubile

Interessi Andare al night e frequentare uomini ricchi.

Professione Modella
Partner desiderato
Non voglio studenti poveri! E non voglio sposarmi – solo la compagnia di uomini con molta ambizione e molti soldi!

Nome ROSSO Giovanna

Età 22 anni

Stato civile Nubile

Interessi Giocare a pallacanestro; leggere e guardare la televisione. E poi ballare, cucinare e fare gite in macchina.

Professione Parrucchiera
Partner desiderato
Affettuoso, energico, con molti interessi, lavoratore. Deve essere un amante della casa e delle cose belle. Insomma, perfetto.

14

Assassinio sul Nilo: avete un alibi?

Strutture

PARLARE DI AVVENIMENTI PASSATI

Il passato prossimo

Abbiamo giocato a carte dalle 8 alle 11.
Appena finito il programma siamo usciti.
Non ho sentito niente.

L'imperfetto

Alle tre mi trovavo con la mia famiglia.
Mentre parlavamo delle vacanze è suonato il telefono.
A quell'ora stavamo guardando la televisione.

FARE DOMANDE SU AVVENIMENTI PASSATI

Il passato prossimo

A che ora ha telefonato?
Per quanto tempo siete rimasti fuori?
Come mai non ha sentito niente?

L'imperfetto

Che cosa stava facendo alle otto?
Chi c'era con lei?
Di che colore era la giacca del suo amico?

QUALCHE ESPRESSIONE UTILE

Ma che ne so io! Ho detto tutto quello che mi ricordo!
Mi sorprende che il mio amico abbia detto questo.
Non ci capisco niente. È un rebus!
Come ha potuto sapere? (*How could he find out?*)
Come poteva sapere? (*How could he know?*)
Mi lasci ricordare.
Adesso le (vi) posso spiegare tutto.

Preparazione

[in due]

A Avete bisogno di più informazioni dal testimone di un delitto.
Dopo il primo dialogo, scambiatevi le parti.

Per esempio:

Scrivevo una lettera.   A chi scriveva?

Domande	
A chi . . . ?	*To whom . . . ?*
Con chi . . . ?	*With whom . . . ?*
A che ora . . . ?	*At what time . . . ?*
Quanto . . . ?	*How much . . . ?*
Quanti (-e) . . . ?	*How many . . . ?*
Come si chiama?	*What's his/her/its name?*
Che cosa . . . ?	*What . . . ?*
Può descrivere . . . ?	*Can you describe . . . ?*
Perché . . . ?	*Why . . . ?*
Come mai . . . ?	*How come . . . ?*
Dove . . . ?	*Where . . . ?*
In quanti eravate?	*How many of you were there?*
Di che colore . . . ?	*What colour . . . ?*

1 Giocavo a pallacanestro quella sera.
2 Ero con un'amica, mi ricordo bene.
3 Abbiamo invitato fra Giacomo a cenare con noi.
4 Mah, siamo entrati nel ristorante verso le otto.
5 Sono sicuro che quella mattina ho fatto la spesa molto presto.
6 Leggevo un libro in camera mia.
7 Cosa vuole, ispettore, ero occupato a far da mangiare!
8 Be', quella sera sono rimasta al telefono per delle ore.
9 Portavo una camicia azzurra e pantaloni grigi.
10 Abbiamo bevuto un bel po' di vino.

Quasi tutti i verbi sono regolari all'imperfetto, tranne:
essere (**ero**)
fare (**faceva**)
bere (**bevevo**)
dire (**dicevo**)
tradurre (**traducevo**)
e alcuni altri.

l'imperfetto		
parl**are**	legg**ere**	fin**ire**
parl**avo**	legg**evo**	fin**ivo**
parl**avi**	legg**evi**	fin**ivi**
parl**ava**	legg**eva**	fin**iva**
parl**avamo**	legg**evamo**	fin**ivamo**
parl**avate**	legg**evate**	fin**ivate**
parl**avano**	legg**evano**	fin**ivano**

l'imperfetto di **essere**
ero
eri
era
eravamo
eravate
erano

[in due]   **B**   Quanti guai avete avuto in una sola giornata! Completate queste frasi e poi a turno raccontate tutte le sorprese che ci sono state. Per esempio:

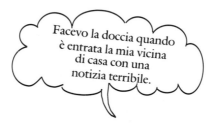

Facevo la doccia quando è entrata la mia vicina di casa con una notizia terribile.

1   Dormivo bene quando . . .
2   Facevo la doccia quando . . .
3   Dunque, leggevo il giornale sull'autobus quando . . .
4   In ufficio, mentre parlavo con il capo, . . .
5   Mentre io e la mia bambina tornavamo da scuola . . .
6   Certo, la mia bambina era contenta di vedermi, ma quando . . .
7   Mentre cercavo le chiavi della macchina, . . .
8   Mio marito aveva parcheggiato la motocicletta davanti a casa, e mentre apriva la porta . . .
9   Mentre parlavo con la polizia . . .
10 Guardavamo insieme la televisione quando . . .

[per tutti]   **C**   Una mini-inchiesta: cosa stavate facendo ieri sera alle otto? Scrivete la risposta e poi a turno leggetela ai compagni. Così scoprirete le abitudini della vostra classe.

il gerundio con **stare**		
stavo stavi stava stavamo stavate stavano	+	guardando facendo servendo ecc.

[in due] **D** Leggete insieme 'Rapina a Milano' e poi in inglese o in italiano cercate di trovare la soluzione.

Confrontate la vostra soluzione con quella di p. 111.

RAPINA A MILANO
Enigma poliziesco illustrato

la rapina	*robbery*
il fattaccio	*misdeed*
questi	*latter*
a causa di	*because of*
mentire (mentito)	*to lie (lied)*
gettare un'occhiata a	*to take a quick look at*

Una rapina è stata commessa a Milano verso le 20. Dal modo come essa è stata eseguita, l'ispettore Scott sospetta di un certo Dante, che abita a circa 75 chilometri di distanza. Perciò, verso la mezzanotte successiva al fattaccio, egli si presenta in casa di Dante, ma, naturalmente, il sospettato si dichiara estraneo alla rapina.

— Sì, sono stato a Milano — afferma questi — ma ne sono ripartito verso le 16 e sono arrivato a casa alle 17, sebbene sull'autostrada ci fosse molto traffico. A causa della mia vista debole, non mi piace viaggiare di notte. Ho fatto l'intero viaggio da solo e dopo essere rientrato non sono più uscito per tutta la sera.

L'ispettore getta un'occhiata alla macchina di Dante e, benché non abbia nessuna prova incontestabile, ha motivo di dubitare che costui abbia mentito.

Perché?

Attività

*Basato sul romanzo di Agatha Christie, *Murder on the Nile*, Collins, 1937.

Assassinio sul Nilo*: avete un alibi?

LA SITUAZIONE

Linnet Ridgway è una giovane americana bella, elegante, intelligente e invidiata da tutti. I suoi genitori sono morti, e quando Linnet si sposerà o compirà ventun anni (il prossimo luglio) erediterà milioni di dollari. Ha da poco comprato e restaurato in Inghilterra una villa di campagna, Wode Hall. Qualche tempo fa sono venute a trovarla due amiche. Joanne Southwood, giovane e arrivista, ammira molto le perle di Linnet che le porta sempre, e chiede di tenerle per una notte. Jacqueline de Belleforte, un'amica di infanzia ora povera, è fidanzata con Simon Doyle, un giovane atletico che ha appena perso il lavoro a Londra, e che lei porta con sé a Wode Hall per chiedere all'amica di assumerlo come intendente.

Jacqueline, che è innamoratissima di Doyle, dice a Linnet che andranno insieme in luna di miele (*honeymoon*) in Egitto. Linnet, bella e sicura di sé, che è sempre riuscita ad avere tutto quello che vuole, decide che vuole una felicità uguale a quella di Jacqueline e porta via Simon all'amica. Simon e Linnet si sposano dopo pochi mesi e vanno in luna di miele in Egitto. Jacqueline, in preda all'odio e al desiderio di vendetta, li segue ed è con loro sul battello che risale in Nilo da Shellal a Wadi Halfa. Ma non è l'unica a bordo: ci sono altri passeggeri che odiano Linnet o che sono arrivati fin lì spinti dall'avidità o da motivi disonesti. Linnet un giorno racconta a M. Poirot dei suoi rapporti con Jacqueline e dice di sentirsi circondati da nemici.

M. Poirot, il famoso investigatore belga, non è sul battello per seguire Linnet: è in vacanza. Con sua sorpresa incontra un vecchio collega, il colonnello Race, che sta seguendo le tracce di un assassino di professione o agitatore politico presente a bordo sotto falso nome. Il *Karmac* è un piccolo battello, le cabine sono subito sotto il salone. Una sera, dopo le undici, quando molti turisti, tra cui Linnet, hanno lasciato il salone e si sono ritirati nelle loro cabine, Jacqueline, ubriaca, perde la testa, insulta Simon e poi, tirata fuori una piccola rivoltella, gli spara. Poi lascia cadere l'arma e con un calcio la manda sotto un divano. Simon è ferito e geme mentre il sangue gli macchia i pantaloni. Jacqueline si dichiara pentita di quello che ha fatto. Simon chiede ai presenti di far venire un dottore per medicarlo e un'infermiera per assistere Jacqueline. Chiede anche che non venga detto nulla alla moglie. Quella notte Simon dorme nella cabina del dottore.

Il mattino dopo Linnet Doyle viene trovata morta dalla sua cameriera: è stata uccisa nel sonno con un colpo di pistola alla tempia. In mattinata Poirot scopre che dal comodino manca la preziosa collana di perle di Linnet e nota che vicino al lavandino ci sono due boccette di smalto per unghie, uno scarlatto, che Linnet usava sempre, e l'altro che contiene alcune gocce di inchiostro rosso ma che all'esterno reca la scritta 'rosa'.

Poirot fa un elenco dei passeggeri che avevano un motivo per uccidere Linnet. Il dottore gli ha detto che l'omicidio è avvenuto tra mezzanotte e le due.

I SOSPETTI SONO:

Simon Doyle: Dopo essere stato colpito da Jacqueline non poteva muoversi. È rimasto solo per cinque minuti, mentre gli altri sono andati a chiamare il dottore e a occuparsi di Jacqueline, e dopo che il dottore gli ha fatto un'iniezione di morfina e l'ha portato nella sua cabina, ha un alibi perfetto.

Jacqueline de Belleforte: Dal momento in cui ha sparato a Simon non è più rimasta sola. Le è stata fatta un'iniezione di morfina e con lei in cabina è rimasta una donna fino al mattino dopo.

Andrew Pennington: È il tutore legale americano della signora Doyle. Col matrimonio questa deve ricevere la sua eredità, ma Poirot sa che c'è stato un crollo a Wall Street e sospetta che Mr Pennington abbia investito in borsa una parte dei soldi di Linnet. Il signor Pennington è venuto in Egitto in apparenza perché ha incontrato la coppia di sposi per caso mentre era in vacanza, ma in realtà perché vuole a tutti i costi far firmare a Linnet un sacco di documenti. Linnet, a differenza di suo marito, è sveglia e pratica e vuole leggere i documenti prima di firmarli, per cui Pennington ritarda a mostrarglieli.

Fleetwood: È il capomacchine del battello. Voleva sposare la cameriera di Linnet, ma questa ha indagato sul suo passato e ha scoperto che ha una moglie egiziana. Fleetwood ha reagito con ira al rifiuto della cameriera.

Robert Ferguson: Suo padre è stato rovinato dal padre di Linnet quando questi stava costruendo la sua fortuna. È un fervente rivoluzionario, crede nei cambiamenti violenti e odia i ricchi pigri e sfaccendati. Però è stato a Oxford e nasconde il fatto di essere un pari (*a peer*).

Tim Atherton: Viaggia con la madre. È cugino in seconda di Joanne Southwood. Questa ha studiato gioielleria alla scuola d'arte e Poirot ricorda che a Scotland Yard sospettavano che fosse implicata in furti in case ricche ed erano convinti che avesse un complice. Joanne poco tempo fa ha mandato a Tim un pacco di libri.

Ricchetti: Un italiano di mezza età che fa l'archaeologo. Riceve un telegramma che Linnet apre per sbaglio e nel quale si parla di quantità di patate, cipolle e rape. Ricchetti si è arrabbiato molto.

Louise Bourget: È la cameriera di Linnet. Ha aiutato la sua padrona a svestirsi e poi è andata a dormire. È con i Doyle da solo tre mesi. Il mattino dopo confessa a Poirot di essere tornata più tardi e di aver rubato le perle. Ma quando l'ispettore vede la collana, si accorge che le perle sono false.

Attività

Prima fase

La classe si divide in due gruppi, uno che rappresenta Poirot e il colonnello Race (gli investigatori) e l'altro i sospetti. I sospetti lavorano da soli o a coppie e gli investigatori in gruppo.

I sospetti hanno dieci minuti per preparare gli alibi. Devono poter spiegare dov'erano tra mezzanotte e le due, devono sapersi difendere e dire perché non sono stati loro a uccidere Linnet Doyle.

Gli investigatori hanno dieci minuti per preparare le domande da fare ai sospetti: dov'erano tra mezzanotte e le due e se hanno un alibi. Devono anche fare domande sui loro moventi (*motives*).

Seconda fase

Si svolge come un'inchiesta: i sospetti sono interrogati a turno dagli investigatori, che ascoltano, cercano di provocare reazioni e prendono appunti.

Terza fase

Gli investigatori hanno dieci minuti per decidere (1) chi è l'assassino (2) chi ha sostituito le perle.

I sospetti formano un gruppo e hanno dieci minuti per decidere chi deve riconoscersi colpevole e come è stato commesso il delitto.

Quarta fase

Ciascun gruppo dà la sua versione dei fatti. Le due versioni coincidono? La soluzione offerta da Agatha Christie è a p. 112.

15

Conversazioni al telefono

Strutture

CHE COSA SI DICE AL TELEFONO

Pronto.
Pronto, sono Agnese.
Con chi parlo, scusi?
C'è Elena, per favore?
Vorrei parlare con Roberto, per favore.
È in casa Rosa?
Mi può passare il signor Bassani?
In questo momento non c'è.
Mi dica il suo nome e glielo riferirò appena rientra in ufficio.
A che ora rientra/rientrerà*?

*Il futuro qui è più gentile, più formale.

Gli dica che richiamerò martedì pomeriggio, per favore.
Fra   un'ora.
      un paio d'ore.
Telefonerò più tardi.
Telefono entro domenica.
Ha sbagliato numero.
Mi scusi.
Parla la Ditta Garibaldi.
Posso lasciare un messaggio?
Se Giulia rientra entro mezz'ora, le puoi dire di passare da Franco?
Può dirgli(-le) che . . . ?

fare una telefonata in teleselezione	*to make a long-distance call*
l'elenco telefonico	*telephone directory*
scatti	*units of charge for a call*
il centralino	*switchboard, telephone exchange, operator*
il (la) centralinista	*switchboard operator*
il prefisso	*code*
l'interno	*extension*
Pronto? Chi parla?	*Hello. Who's calling?*
Un attimo.	*Hold on.*
Vuol restare in linea?	*Do you want to hold on?*
La linea è libera/occupata.	*The line is free/engaged.*
Come si scrive?	*How is it spelled?*

COME DETTARE IL PROPRIO NOME AL TELEFONO

Per spiegare come è scritta una parola gli italiani usano i nomi delle lettere o i nomi delle città per maggior chiarezza.

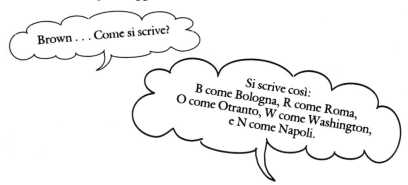

> Brown . . . Come si scrive?

> Si scrive così:
> B come Bologna, R come Roma,
> O come Otranto, W come Washington,
> e N come Napoli.

Ecco un elenco delle città e delle parole più comunemente usate:

A (a) come	Ancona
B (bi)	Bologna o Bari
C (ci)	Como
D (di)	Domodossola
E (e)	Empoli
F (effe)	Firenze
G (gi)	Genova
H (acca)	Hotel (o acca)
I (i)	Imola
J (i lunga)	jersey
K (kappa)	Kursaal
L (elle)	Livorno
M (emme)	Milano
N (enne)	Napoli
O (o)	Otranto
P (pi)	Padova
Q (cu)	quaranta
R (erre)	Roma
S (esse)	Savona
T (ti)	Torino
U (u)	Udine
V (vu, vi)	Venezia (o Vicenza)
W (doppio vu)	Washington
X (ics)	Ics, xeres
Y (ipsilon o i greca)	York, yacht
Z (zeta)	Zara

Il numero di telefono si può dire in vari modi: cifra per cifra, a gruppi di due numeri o un misto dei due modi. Per esempio '750742' diventa:

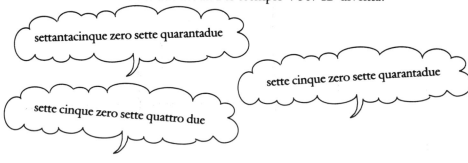

> settantacinque zero sette quarantadue

> sette cinque zero sette quarantadue

> sette cinque zero sette quattro due

Preparazione
[in due]

A Inventate a turno delle frasi secondo questo modello:

> Per le azioni future già decise di solito si usa il presente. Per quelle più lontane, vaghe, ipotetiche o impersonali si usa il futuro.
>
> chissà? *who knows?*
> forse *perhaps*

Adesso **mando** una lettera e chissà forse domani **manderò** un mazzo di fiori.

il futuro		
abitare	ridere	finire
abiterò	riderò	finirò
abiterai	riderai	finirai
abiterà	riderà	finirà
abiteremo	rideremo	finiremo
abiterete	riderete	finirete
abiteranno	rideranno	finiranno

il futuro: ecco alcuni verbi irregolari				
essere	**avere**	**andare**	**venire**	**fare**
sarò	avrò	andrò	verrò	farò
sarai	avrai	andrai	verrai	farai
sarà	avrà	andrà	verrà	farà
saremo	avremo	andremo	verremo	faremo
sarete	avrete	andrete	verrete	farete
saranno	avranno	andranno	verranno	faranno

Esercitatevi nello stesso modo con questi verbi:

mandare	spedire	essere
finire	telefonare	fare
cominciare	trovare	andare
mettere	aprire	venire
piangere	leggere	avere

[in gruppi di quattro o cinque]

B Siete tutti dei chiromanti. Scrivete una previsione sull'amore, gli affari e la salute per un vostro compagno. Poi a turno leggete a voce altra le previsioni che avete scritto.

[in due]   **C**   Sapete che molte réclame hanno strutture con **se**:

Se usate il dentifricio **BONORA** avrete un sorriso incantevole.

Se viaggerete con **Viaggi Bis** avrete uno sconto del **10%!**

Se vi abbonate a **Repubblica** riceverete quest'anno in omaggio un libro della casa editrice **Mondadori**.

Ora tocca a voi inventare delle réclame usando strutture con 'se'. Ecco dei prodotti, ma se volete, potete sceglierne altri sfogliando le riviste italiane:

se per situazioni reali (**se** *when related to real situations*)		
1 **se**	**presente**	**presente**
Per esempio: Se vado,	vieni anche tu?	
2 **se**	**futuro**	**futuro**
Per esempio: Se ci andrò,	lo vedrò.	
3 **se**	**presente**	**futuro**
Per esempio: Se comprate x,	riceverete . . .	

1   Un **diamante** è per sempre.

2   **Castor Solaris**. Il primo frigorifero che purifica l'aria.

3   **Alfa Romeo**. Con la nuova 33 nasce la nuova dimensione della sportività e del piacere della guida.

4   **Mercedes-Benz**. Il piacere di usare la ragione.

5   La selvaggia **Australia**. Ancora l'ultima vacanza avventurosa.

6   **Computer Unibit**. I Rivenditori Unibit ti danno almeno 1.000.000 (un milione) di motivi (di lire) per buttar via il tuo vecchio computer.

7   **Banco di Napoli**. La fitta rete di punti operativi del Gruppo Banco di Napoli costituisce un solido ponte tra l'Italia e, in particolare, tra il Mezzogiorno e l'Europa, in vista dell'imminente mercato unico.

[in due]   **D**   Che cosa farete l'anno prossimo? Pensate a cinque possibili domande che riguardano la casa, gli studi, le vacanze, lo studio dell'italiano e fatele a un compagno.

Per esempio: Dove andrai per le vacanze?

[in due] **E** Dovete lasciare un breve messaggio sulla segreteria telefonica. Inventatene qualcuno insieme. Ecco le situazioni:

1 Telefonate alla vostra amica per cambiare un appuntamento, ma lei non c'è.

2 È domenica e siete a Roma. Vi hanno rubato tutto: passaporto, travellers' cheques, soldi e biglietti. Non vi è rimasto niente! Telefonate alla vostra ambasciata per chiedere aiuto e risponde la segreteria telefonica, che dice: 'L'ambasciata . . . è chiusa fino a lunedì mattina alle dieci. Se avete un problema urgente e grave potete lasciare un messaggio dando il vostro nome, il numero di telefono per un eventuale contatto e i particolari del problema. Vi richiameremo il più presto possibile.'

3 Telefonate al vostro ragazzo (alla vostra ragazza) a mezzanotte e vi risponde la segreteria telefonica.

4 Avete messo un'inserzione sul giornale perché cercate un nuovo impiegato. Ora però dovete uscire per un'ora.

5 Volete prendere lezioni di musica. Quando telefonate risponde la segreteria telefonica.

[in due] **F** Purtroppo vi sentite molto soli in Italia, ma grazie a un amico potete inviare messaggi sul televisore di casa. Che messaggio volete scrivere con il servizio telematico?

Attività   *Conversazioni al telefono*

[in due] Quelle che seguono sono tutte situazioni telefoniche che voi dovete risolvere.

1 Telefonate alla vostra amica Daniela. Stasera vi arrivano degli ospiti a cena e volete una ricetta. Risponde suo padre e dice che sua figlia non c'è e che rientrerà fra un paio d'ore. Che cosa gli dite?

2 Siete in Italia e volete telefonare al vostro ragazzo nel vostro paese. Risponde al telefono un suo amico e dice che non è in casa. Che cosa gli dite?

3 Siete in Italia e volete fare una telefonata interurbana a vostro padre in occasione del suo compleanno. Il centralino vuole le seguenti informazioni: il prefisso della città, il numero di telefono, il cognome e come si scrive. Ma ci sono problemi, la centralinista vi dice che la linea continua a cadere, e chiede se volete restare in linea. Che cosa fate?

4 Sieti contenti perché pensate che il cane dell'annuncio sia il vostro. Telefonate per accertare se è vero o no.

> **14 SMARRIMENTI**
> **TROVATO** cane lupo nero, maschio, ciuffetto bianco sul petto: circa anni due, buonissimo.
> Tel. 02-49.87.603.

5 Siete in viaggio attraverso l'Italia. Vostro marito (vostra moglie) vuole un paio di scarpe da jogging nuove e vi chiede di telefonare a diversi negozi per chiedere se le hanno nel suo numero.

6 Siete a una festa. Avete bevuto un bel po' di whisky e ora telefonate all'amico Agostino per invitarlo a raggiungervi. Però sbagliate numero . . . che cosa dite alla persona che risponde?

7 Telefonate alla vostra amica Mariella per invitarla a pranzo domani. Purtroppo lei ha un appuntamento dal dottore alle due e avrà poco tempo. Come risolvete questo problema?

8 Telefonate al ristorante per prenotare un tavolo per le otto. Siete in sei e preferite mangiare all'aperto, visto che è estate. La signora (il signore) che risponde dice che per quella sera non ci sono tavoli fuori. Che cosa le (gli) dite?

9 Vi telefona il vostro amico Alberto per chiedervi se avete voglia di andare a teatro stasera. Dice che danno una bellissima commedia. A dire la verità non avete molta voglia di andare e suggerite un altro posto. All fine vi mettete d'accordo e lui dice che passerà a prendervi perché voi non avete la macchina.

10 Vi piacerebbe prendere lezioni di nuoto o di windsurf? Telefonate al numero sull'annuncio pubblicitario per chiedere informazioni per un'eventuale iscrizione. Se avete figli o amici, magari vogliono fare il corso anche loro. Volete assicurarvi che i prezzi siano giusti.

Windsurf e nuoto

Il Cmsr (centro milanese per lo sport e la ricreazione), per chi resta a Milano a luglio e agosto organizza alla piscina Lido alcuni corsi di nuoto e di windsurf. Le lezioni di nuoto, dalle 9 alle 10 e dalle 10 alle 11, durano 10 giorni e costano 25 mila lire per i ragazzi e 30 mila per gli adulti. Imparare a navigare sulla tavola a vela costa invece 100 mila lire, per cinque lezioni di un'ora e mezza ciascuna. La quota comprende anche un'assicurazione, sacca e maglietta del Cmsr.

Informazioni in piazza Diaz 1/a, telefono 801466 o all'ufficio corsi addestramento di piazzale Lotto, telefono 391667.

16

*Amarcord**

Questa lezione vi aiuterà a parlare del vostro passato, e in particolare dei vostri ricordi. Per riuscire bene, bisogna sapere ascoltare bene l'altra persona.

Strutture

PARLARE DEL PASSATO

Mi ricordo che una volta avevo un'amica che si chiamava Jill.
A quell'epoca le ragazze andavano a ballare.
Negli anni Sessanta ero molto giovane e ingenua.
Venivo da una famiglia appassionata di politica.
Ora non mi piace nuotare, ma una volta avevamo una barca e mi piaceva molto.
Mi piaceva quando tutti si riunivano la domenica dai nonni.
Prima di imparare a suonare il pianoforte, giocavo sempre con gli amici.
Dopo che mio padre mi ha regalato una motocicletta, abbiamo fatto un giro insieme.
I miei genitori erano russi, ma la loro cultura non mi interessava.
Ora invece succede che ho voglia di capire le loro origini.
Fra quel gruppo di amici c'era l'abitudine di prendere il caffè insieme.
Certi inglesi hanno l'abitudine di andare al pub la domenica.

Preparazione

A

[in duc]

Verbi con **avere**:
Dopo aver mangiato, ho guardato il film.
Dopo aver visto il film, ho comprato il libro.
Verbi con **essere**:
Dopo essere arrivato (-a), ho telefonato a un mio amico.
Dopo essere entrato (-a), nel bar, ho incontrato Carlo.

Cambiate le frasi seguenti secondo il modello:

Prima ho fatto colazione e poi sono andato in ufficio.
Dopo aver fatto colazione, sono andato in ufficio.

1   Prima ho ascoltato la radio e poi ho telefonato a Isobel.
2   Prima abbiamo apparecchiato la tavola e poi siamo andati in salotto.
3   Prima sono uscita per comprare un giornale e poi sono entrata nel bar Alfredo.
4   Ho scritto tre lettere e poi ho telefonato.
5   Ho comprato un libro e poi ho imparato l'italiano.
6   Sono partito da Roma e poi sono andato a Firenze.

* 'Amarcord' = 'Io mi ricordo' in dialetto riminese (di Rimini, in Romagna, sulla costa adriatica). È il titolo di un famoso film di Federico Fellini, che era nato a Rimini.

[in due]   **B**

Quando il soggetto è
diverso bisogna usare
dopo che. Per esempio:

'Dopo che io sono / ero
uscita, ha telefonato
Rosa.'

Dopo **dopo che** si usa il
passato prossimo o il
piuccheperfetto.

Notate il piuccheperfetto / il trapassato prossimo			
andare		**parlare**	
ero	andato (-a)	avevo	parlato
eri	andato (-a)	avevi	parlato
era	andato (-a)	aveva	parlato
eravamo	andati (-e)	avevamo	parlato
eravate	andati (-e)	avevate	parlato
erano	andati (-e)	avevano	parlato

Cambiate le frasi seguenti secondo il modello:

Ho fatto colazione e poi Anna è entrata in cucina.
Dopo che io ho / avevo fatto colazione, Anna è entrata in cucina.

1   Sono arrivata a Londra e poi mi ha raggiunto Paolo.
2   Ha parlato con un conoscente e poi gli si è avvicinato un drogato.
3   Prima la bambina è andata al cinema da sola e poi l'hanno riportata al giardino pubblico.
4   Sono entrata in casa e poi Paolo mi ha chiesto se avevo lasciato i documenti in ufficio.
5   Ho dato la giacca al signore e poi lui mi ha detto che non era la sua.
6   Ho messo la maglia e poi mia sorella mi ha detto che mi era troppo stretta.

[in due]   **C**   Completate queste frasi secondo il modello:

Sapete che negli anni
Trenta si usava andare
in montagna d'estate.

1   Sapete che negli anni Cinquanta si usava . . .
2   E negli anni Sessanta . . .
3   E sapete che negli anni Settanta . . .
4   E negli anni Ottanta . . .
5   Ora negli anni Novanta abbiamo l'abitudine di/si usa . . .
6   All'epoca dei nonni si usava . . .
7   Prima della seconda guerra mondiale . . .
8   Sapete che nel nostro paese / nel nostro quartiere si usava . . .

[in due] **D** Quanto siamo cambiati da come eravamo una volta! O forse non siamo cambiati affatto? Completate queste frasi. Per esempio:
Dieci anni fa volevo andare in canoa lungo il Rio delle Amazzoni. Adesso invece preferisco andare in barca a vela vicino a casa mia.

1 Cinque anni fa mi piaceva . . . (quale passatempo? fare collezione di francobolli e monete rare? recitare?) . . . Adesso invece . . .
2 Una volta non mangiavo . . . (i cavolfiori? i cavoli? l'aglio?) . . . Adesso invece . . .
3 Da ragazzo (-a) dormivo nove ore . . . Adesso invece . . .
4 Una volta mangiavamo molta carne. Adesso invece . . .
5 Da bambino (-a) volevo sempre suonare . . . (la chitarra? il flauto? la batteria?) . . . Adesso invece . . .
6 Da ragazzo (-a) avevo paura . . . (dei serpenti? dei ragni? del mare? del buio?) Adesso invece . . .

[tutti insieme] **E** Tornate con la memoria a quando eravate piccoli (8–12 anni). Fate una lista di sei cose che facevate spesso e poi paragonate la vostra lista con quella dei compagni.

Dovevo pulire le scarpe.

Giocavo a calcio prima di andare a scuola.

[in due] **F** Fate libere associazione su queste cose:

1 il colore blu
2 il treno
3 una pera
4 un topo

Attività

[in gruppi di quattro
o cinque]

Amarcord

Bisogna avere le cose seguenti:

* un puzzle semplice (lo potete fare col foglio di un vecchio calendario o con qualsiasi disegno)
* due fogli di carta per ogni persona.

Tutti abbiamo difficoltà a ricordare il passato. Ecco una serie di domande studiate apposta per sbrogliare i vostri ricordi. Leggetele insieme come gruppo e se volete inventatene altre che servano a sbloccare la memoria. Poi tagliate il primo foglio di carta in quattro pezzi, scegliete quattro domande che vi piacciono di più fra quelle in corsivo (una per ogni sezione) e scrivete poche parole di risposta su ciascun pezzo. Scrivete quello che volete dire sul secondo foglio (avete dieci minuti per farlo), che potrete poi consultare durante la discussione.

Poi mettete i pezzi in una scatola o in mezzo al tavolo e a turno pescatene uno. Leggete le parole scritte sul retro. Chi ha scritto alza la mano e racconta a tutti le associazioni legate a ciò che ha scritto.

Il gruppo discute, confronta e passa a un altro pezzo.

Infine, tutti insieme ricomponete il puzzle. Fare il puzzle è un modo tranquillo e piacevole per tornare al presente. D'ora in poi non avrete più vuoti di memoria!

DOMANDE

Sezione A: Chi sei?

1 *Come ti chiami di nome?* Come mai i tuoi ti hanno dato questo nome? C'è un significato speciale legato al tuo nome?

2 *Come si chiamava il tuo amico (-a) del cuore quando eri bambino (-a)?* Cosa facevi con questo amico (-a)? Perché era così speciale?

3 *Scrivi il paese o la città d'origine dei tuoi genitori e dei nonni.* Hai qualche ricordo legato al loro paese?

4 *Qual è stato il lavoro o l'impiego che ti è piaciuto di più?* I tuoi genitori ti hanno incoraggiato a fare il lavoro / gli studi che fai adesso? Che cosa ha determinato la tua scelta?

Sezione B: I sentimenti

1 *Che cosa ti spaventa di più?* Ti ricordi se lo spavento è legato a un episodio della tua infanzia?

2 *Che cosa ti fa arrabbiare?* Che tipo di persona o di situazione ti fa arrabbiare di più? Ricordi un episodio della tua vita in cui ti sei arrabbiato (-a) molto?

3 *Scrivi il nome della tua prima cotta.* Che tipo di persona vuoi per amico (-a), marito, moglie? Vuoi una persona comprensiva, forte, ricca, simpatica, attraente, timida, divertente, semplice? Descrivi un amico (-a) che hai adesso (oppure tuo marito o tua moglie).

4 *Chi erano gli adulti che preferivi da bambino (-a)?*

Sezione C: I tuoi interessi e gusti

1 *Oggi ti compri un vestito nuovo. Di che colore sarà?* C'è un ricordo particolare legato a questo colore?

2 *Sei solo (-a) in casa. Che cosa fai? Che libro leggi?* Che libri ti piacevano da bambino (-a)? Che interessi hai? Come sei arrivato (-a) a coltivare questi interessi?

3 *Ti portano al ristorante per il tuo compleanno. Che cosa vuoi **mangiare?*** Come si chiama il piatto che preferivi da bambino (-a)? C'è un ricordo particolare legato ad esso?

Sezione D: Quello che pensi della vita

1 *Secondo te, che cosa è più importante nella vita:* l'amore, la pace in famiglia, l'amicizia, il successo, il lavoro, la religione, la libertà personale, l'ordine o qualche altra cosa? È importante per te capire cosa significa vivere o che senso ha la vita? Hai gli stessi valori dei tuoi genitori, specialmente per quanto riguarda la cultura, la politica, la religione, il denaro?

Seguito scritto

* Tristine Rainer, *The New Diary*, Angus & Robertson, 1980.

Nel suo libro, *The New Diary*,* Tristine Rainer descrive alcune tecniche che possono aiutarci a capire la nostra vita interiore e perciò a vivere meglio. Come esercizio finale di questa lezione sarebbe bello scrivere una pagina di un *journal intime*, o di un diario talmente personale che nessuno può vederlo. La tecnica si chiama 'guided imagery' o tecnica delle immagini guidate.

1 Immaginate un paesaggio ideale, tranquillo e bellissimo. Dove siete: al mare, su una bellissima spiaggia, o in campagna circondati da alberi? Sentite su di voi il calore del sole? Una volta entrati in questo paesaggio fantastico aggiungete un personaggio molto saggio, un mago o una fata o magari un animale a voi caro. Poi popolate il paesaggio con animali simpatici e parlanti. Tutti vi offriranno un bel consiglio ma il personaggio da ascoltare sarà in particolare il saggio. Forse lui (o lei) vi aiuterà a portare a termine qualcosa che volete fare.

2 Adesso si passa dalla meditazione alla scrittura. Descrivete la vostra scena fantastica nei particolari e lasciate parlare gli animali, magari in forma di dialogo. Ricordatevi di scrivere dal cuore.

3 Riflettete su quello che avete scritto. Il consiglio vi può aiutare?

4 Molti artisti e scrittori usano questa tecnica prima di dipingere o scrivere. Volendo, potete anche voi scrivere una poesia o una fiaba usando le immagini che vi sono apparse in questo esercizio.

17

Col cuore in gola

Questa simulazione segue lo stesso schema di 'Dal dottor Rusconi' (p. 49). Dato che è abbastanza complessa e animata, dopo aver distribuito le parti, si può dire agli studenti di inventare e scrivere una commediola insieme, in piccoli gruppi.

Strutture

AFFRONTARE UNA SITUAZIONE CRITICA

Attenzione! Non muovetevi! Fermi tutti!
Non parlate! Silenzio! State tutti zitti! Zitto, signore!
Mani in alto! Alzatevi in piedi! Signora, anche lei si alzi! E quel bambino là, alzati!
Venga avanti chi è americano! Venga anche lei!
Tornate ai vostri posti! Si sieda! Sedetevi!
Allacciate la cintura di sicurezza!
Mi dia il passaporto! Mi dica il nome!
Obbedite, se no vi ammazzo!
Portaci da mangiare! Dammi una sigaretta!
Via di qua! State lontani!
Si calmi signora! Calmatevi! Stia calmo, signore!

IMPLORARE PIETÀ, PROTESTARE LA PROPRIA INNOCENZA!

Signori, per l'amor di Dio, siamo innocenti!
Abbiate pietà, signori! Qui ci sono donne, ci sono bambini innocenti!
Ma non avete figli anche voi?
Ma che cosa vi abbiamo fatto noi?
Non uccideteci, vi prego!
Io non c'entro, mi lasci andare la prego!
La prego, signore, uccida me, ma lasci mio figlio!

ESPRIMERE LA PAURA

Mamma mia! Che paura!
Siamo perduti, qui ci vogliono ammazzare tutti.
Abbiamo a che fare con degli assassini!
Che Dio ci aiuti / ci salvi!
Gesù, Gesù, proteggici!
O Madonna santa, aiutaci tu!
Non ho paura di lei e di quelli come lei! Vada al diavolo!
Siete tutti dei vigliacchi, degli assassini!

Preparazione
[in due]

A   Scegliete alcune tra le situazioni qui sotto e inventate un dialogo. Usate l'imperativo il più possibile.

l'imperativo			
	portare	prendere	aprire	finire
(tu)	porta!	prendi!	apri!	finisci!
(Lei)	porti!	prenda!	apra!	finisca!
(voi)	portate!	prendete!	aprite!	finite!

alcuni verbi irregolari						
essere	**avere**	**fare**	**dare**	**dire**	**stare**	**venire**
sii!	abbi!	fa'!	da'!	di'!	sta'!	vieni!
sia!	abbia!	faccia!	dia!	dica!	stia!	venga!
siate!	abbiate!	fate!	date!	dite!	state!	venite!

Per *Let's* (*do something*) si dice:

Andiamo!   *Let's go!*
Mangiamo!   *Let's eat!*
ecc.

1   Sei medico. Di' al tuo paziente, che è un fumatore teso e esaurito (una fumatrice tesa ed esaurita) sulla cinquantina, che cosa deve fare.

2   Hai portato il cane a un corso di addestramento. Che comandi gli dai?

3   Alcuni amici ti chiedono consiglio sulla zona migliore in cui comprare una casa nella città (cittadina) in cui abiti. Quali consigli (positivi e negativi) puoi dargli?

4   Ti arrabbi spesso con i familiari che monopolizzano il bagno proprio quando hai meno tempo, perché devi vestirti per andare al lavoro / a scuola. Stamattina è ancora peggio del solito. Come fare?

5   In macchina con un amico (-a), ti accorgi che non sa guidare bene e che non conosce la strada. Fagli (Falle) capire con fermezza che la situazione ti preoccupa.

Attività

Col cuore in gola*

* Simulazione inventata da Carol Sanders.

PARTI

A Un dirottatore
B La hostess dell'aereo
C Una signora molto anziana
D Il pilota
E Una studentessa
F Un campione di karatè

Gli studenti sono seduti come se fossero su un aereo.

Parte A

Sei un dirottatore e vuoi dirottare questo aereo per motivi politici. Per il momento ti comporti come gli altri e chiacchieri con la vicina, una vecchietta piuttosto agitata, che chiama la hostess. Dopo qualche secondo tiri fuori la mitragliatrice (il mitra) e gridi: 'Mani in alto!' Fai vedere le bombe a mano che porti attaccate alla cintura, spieghi le ragioni del tuo gesto, minacci il pilota. Poi . . .

Parte B

Sei la hostess. Offri da bere ai passeggeri. Poi cerchi di calmare una vecchietta che ha paura dell'aereo. Una ragazza lì vicino ti chiede un giornale. Ma uno dei passeggeri annuncia di essere un dirottatore . . . Cerchi di evitare che nell'aereo si diffonda il panico. Poi . . .

Parte C

Sei una vecchietta al suo primo viaggio in aereo. Hai paura degli incidenti e dei dirottatori. Confidi le tue preoccupazioni al tuo vicino: non sai che è proprio un dirottatore! Il vicino non riesce a calmarti. Chiami la hostess che viene a sentire che cosa vuoi. Ma ecco che il tuo vicino tira fuori un mitra.

Parte D

Sei il pilota. Tutto è tranquillo e regolare a bordo. Verifichi gli strumenti, canticchi fra te. Poi, ad un tratto, un dirottatore minaccia te e i passeggeri e vuole far cambiare rotta all'aereo. Appartiene a un movimento politico estremista.

Parte E

Sei una ragazza, stai tornando nel tuo paese. Chiacchieri col vicino che è un campione italiano di karatè. Vuoi leggere un giornale. Chiami la hostess, che è occupata con una vecchietta un po' isterica. Tutt'a un tratto qualcuno grida: 'Mani in alto!' Capisci che si tratta di un dirottamento . . .

Parte F

Sei un campione italiano di karatè. Parli con la tua vicina, una ragazza che studia nel tuo paese. La ragazza chiama la hostess . . . Poi un passeggero si alza e tira fuori un mitra: è un dirottatore! Minaccia il pilota, ecc. Tu cerchi di prendere in mano la situazione.

VOCABOLARIO PER UN DIROTTAMENTO

un dirottatore	*hijacker*
dirottare	*to hijack*
un dirottamento	*hijack*
'Mani in alto!'	*'Hands up!'*
'Attenzione!'	*'Watch out!' 'Listen to me!'*
una mitragliatrice / un mitra	*machine gun*
il passeggero	*passenger*
l'aeroporto	*airport*
la pista	*runway*
la torre di controllo	*control tower*
il decollo	*take-off*
decollare	*to take off*
il volo	*flight*
l'atterraggio	*landing*
atterrare	*to land*
il carburante	*fuel*
fare rifornimento (di carburante)	*to refuel*
prendere/perdere quota	*to gain/lose height*
la cintura di sicurezza	*seat-belt*
il mal d'aereo	*air-sickness*
precipitare	*to crash*
mettersi in contatto radio	*to make radio contact with*

18

L'appetito vien mangiando

Questa simulazione segue lo stesso schema di 'Dal dottor Rusconi' (p. 49).

Strutture

ACCOGLIERE AMICI CHE NON VEDETE DA ANNI

Ma che piacere! Dopo tutti questi anni! Marisa, come stai? Gianni, che bello
rivederti!
Benvenuti tutti! Ben tornati in Italia!
Ma guarda, Annabella, non sei cambiata per niente! Per te gli anni non
passano mai!
Mi fa veramente piacere vederti dopo tutti questi anni!
Luigi, come stai? Sei sempre in gran forma!
Ecco il nipote australiano di Edoardo! Che bel ragazzo!
Ehilà, Luca, salve!
Ma guarda un po' chi si rivede!
Brutto disgraziato, finalmente ci si rincontra!

PRENDERE CONGEDO

Grazie, Maddalena, la serata è stata perfetta! Che bella serata! Il pranzo è
stato squisito! Mmmm . . . quel risotto agli asparagi! Mi devi dare la
ricetta! Ci vediamo fra due giorni, va bene? Sì, a Capri!
Sono contenta che ci siamo ritrovati.
Stammi bene! Ciao, arrivederci!
In gamba, eh?
Dobbiamo tenerci in contatto.
Telefoniamoci un po' più spesso.

PARLARE DELLE MALATTIE

Soffro di emorroidi/nervi/emicrania/tremito/mal di fegato.
Da quanto tempo soffri di pressione alta?
Il dottore mi ha consigliato di prendere quattro pastiglie al giorno.

CONSIGLIARE PER DOVE FARE SPESE

Ti consiglio di andare a . . .
Il negozio migliore per comprare scarponi da sci si trova vicino a Porta
Venezia.
Mia zia compra sempre tutto alla Rinascente.
Un negozio che piace a me si trova in Via Veneto.

> Si usa **fare acquisti** e non
> **fare la spesa** per comprare
> oggetti speciali, come un
> regalo. Si può anche dire
> **fare spese** e **fare (lo)**
> **shopping**.

TENERE VIVA LA CONVERSAZIONE

Che bello! Piacerebbe anche a me!
Me lo posso immaginare!
Davvero? Che interessante! Hai ragione.
Non sono d'accordo.
E poi cosa è successo?
Sì, quello che lei dice è vero, però.
Ma va! Non ci credo.
Secondo me . . .
Per quello che ne so io . . .

Preparazione

[in due] **A** Ecco un suggerimento per tenere viva la conversazione: quando l'altra persona dice qualcosa, ripetete quello che ha detto e poi aggiungete un vostro commento o un'idea che quella cosa vi fa venire in mente.

Per esempio:

Io preferisco una bella giacca di pelle a un'impermeabile.

Una bella giacca di pelle? Ti consiglio di andare in un negozio in Via Tornabuoni.

Ora tocca a voi fare la stessa cosa con queste frasi:

1 Quanto adoro il vitello alla parmigiana!
2 E come dolci abbiamo una bella zuppa inglese.
3 I ravioli di mia moglie sono i migliori di tutta l'Italia!
4 Soffro spesso di mal di fegato la sera.
5 Oggi ho comprato per mio zio un grosso libro d'arte sugli affreschi di Pompei.
6 Sono sicura che ti piacerà la Sardegna.
7 Ad Alghero (in Sardegna) parlano ancora catalano.
8 Cinque anni fa sono andato a New York.
9 Quando potete venire nel nostro albergo per prendere l'aperitivo?
10 Signora, la bambina non smette di piangere!

[in due] **B** Fate insieme una lista dei piatti e dei vini che avete scelto iersera a una cena fra amici in un ristorante romano di prima categoria e usate queste espressioni per descriverli.

Per esempio: Il pesce era squisito!

eccellente	fantastico
squisito	divino
così così	una porcheria
molto cattivo	uno schifo/una schifezza
terribile	pessimo

Attività

L'appetito vien mangiando

PARTI

A La signora Garbo, la padrona di casa
B Il signor Garbo, il padrone di casa
C La signora Edwards, una turista, loro invitata
D Il signor Edwards, un 'pezzo grosso', loro invitato
E La babysitter dei signori Edwards

OBIETTIVI

- Accogliere gli ospiti.
- Saper parlare dei vostri interessi e hobby, dei viaggi che avete fatto, delle vostre malattie e di quelle degli altri e degli acquisti che avete fatto.
- Saper ascoltare gli altri, mostrare interesse per quello che dicono e saper tenere viva la conversazione.
- Saper ringraziare i padroni di casa e congedarsi.

SITUAZIONE

1 Gli ospiti si presentano alla porta e sono accolti con gran festa.
2 Il signor Garbo offre da bere e tutti sono invitati a mettersi a tavola.
3 La signora Garbo racconta a tutti i piatti che ha preparato. Vuole sapere se piacciono.
4 Comincia la conversazione.
5 Telefona la babysitter.
6 Gli ospiti se ne vanno.

Parte A: La signora Garbo

Hai preparato una bellissima cena per i tuoi amici, i signori Edwards: tre piatti come minimo e naturalmente il caffè. Prima della scenetta devi decidere il menù (che naturalmente è italiano). Sei una cuoca fiera della sua bravura. Ti assicuri che la conversazione sia sempre viva. Sei particolarmente affettuosa col signor Edwards e gli fai molte domande sulla sua operazione. Hai una figlia in Cina, sposata con un ambasciatore, e dai a tutti sue notizie.

Parte B: Il signor Garbo

Sei orgoglioso della cucina di tua moglie. L'aiuti e ti assicuri che tutti abbiano il bicchiere pieno. Offri vini italiani. Racconti a tutti del tuo nuovo hobby, collezionare medaglie (o altro?).

Parte C: La signora Edwards

Sei molto emozionata perché sei nel tuo paese preferito, l'Italia, per la terza volta e hai ritrovato i tuoi amici, i Garbo, che ti hanno invitato a cena. Muori dalla voglia di dire a tutti i commensali che cosa hai comprato oggi . . . e quali regali hai portato per tutti dal tuo paese. Racconti anche i progetti dei viaggi che vuoi fare e di quelli che hai già fatto. Più tardi, prima di tornare a casa, dici ai signori Garbo che ti piacerebbe invitarli a cena in un ristorante la settimana prossima e fargli vedere le diapositive che hai fatto nell'ultima visita in Italia.

Parte D: Il signor Edwards

Non avevi molta voglia di venire perché hai appena avuto un'operazione alla prostata. Alla fine hai deciso di fare buon viso a cattivo gioco, ma racconti a tutti della tua operazione. Sei un pezzo grosso e un po' arrogante. Chiedi anche consiglio sul miglior negozio dove comprare una bella borsa per tua moglie.

Parte E: La babysitter

Sei Franca, la babysitter dei signori Edwards. Hanno un bambino di sei mesi, e sono due ore che piange in continuazione. Sei disperata. Telefoni a casa Garbo e chiedi di parlare con la signora. Le spieghi il tuo problema . . . (Per la telefonata aspetta che sia servito il caffè.)

piangere	*to cry*
le diapositive	*transparencies, slides*

il menu

l'antipasto	*starter*
il primo piatto	*first course*
il secondo piatto	*main course*
il contorno	*vegetables, side dish*
il formaggio	*cheese*
il dolce	*dessert*

19

Un problema da risolvere

Questa scenario segue lo stesso schema di 'Ditelo con i fiori' (p. 24).

Strutture

ESPRESSIONI AFFETTUOSE FRA MARITO E MOGIE

caro (-a)
cocco (-a)
amore
tesoro
Sei un angelo.

ESPRESSIONI DI IRRITAZIONE

Oh, insomma!
Basta!
Non ne posso più!
Sono stufo (-a) di . . .

ESPRESSIONI PER IL COMPLEANNO

Cento di questi giorni!
Buon compleanno!
Auguri!
Ti ho trovato un piccolo regalo. Spero che ti piacerà.
Facciamo una cenetta.

COME RISOLVERE UN PROBLEMA

Come puoi capire, noi . . .
Sono sicura che non ti offenderai se . . .
Ti prego, cerca di capire . . .
Mettiti al posto mio / nei miei panni . . .
Come facevo a dire di no?
Abbi pazienza, caro, ma purtroppo . . .
Vedrai che la settimana prossima . . .

Preparazione
[in due]

A Usando le espressioni di Strutture (p. 100) scrivete tre dialoghi in cui cercate di risolvere i seguenti problemi fra marito e moglie:

1 Finalmente oggi hai un giorno libero e vuoi la macchina per andare a giocare a golf. Invece tua moglie ha promesso a sua madre di portarla fuori città per tutta la giornata e continua a dire che vuole la macchina.

2 Domani è il tuo compleanno e sai perfettamente che, come ogni anno, tuo marito se ne dimenticherà. Questa volta però hai deciso di affrontare la situazione perché ti piacerebbe almeno un piccolo regalo.

3 Vuoi fare un sacrificio e mandare tua figlia che è veramente brava a una scuola molto costosa. Tuo marito invece dice che la sua azienda è in difficoltà e che quindi non può permettersi una spesa simile.

Attività

Scenario: *Un problema da risolvere*

Gruppo A (la moglie)

Le ore di straordinario (*overtime*) che hai fatto ultimamente hanno cominciato a dare i loro frutti. Il capo ti ha fatto i complimenti e ti ha chiesto di partecipare a un importante pranzo di lavoro che si terrà questa sera nel ristorante di un albergo di lusso. Di solito tu non esci di sera senza tuo marito, ma questa è un'occasione troppo importante per lasciarla andare, anche se oggi è il compleanno di tuo marito. Tuo marito sta rientrando proprio ora. Discuti la cosa con lui. Sei quasi certa che capirà se vai senza di lui.

> **proprio ora** (*right now*).
> Proprio (avverbio)
> significa 'veramente',
> 'davvero', 'in particolare'
>
> **Proprio** (aggettivo)
> significa *one's own*

Gruppo B (il marito)

Da qualche tempo tua moglie ha un lavoro e spesso resta in ufficio fino a tardi. Hai poche occasioni di uscire con lei di sera. Oggi è il tuo compleanno e tu pensi di prenotare un tavolo per due per stasera in un ristorante di lusso. Discutete insieme questa idea.

20

Abbandonati nel deserto

Strutture

PERSUADERE GLI ALTRI

Secondo me, abbiamo bisogno di coperte di lana perché di notte nel deserto
    fa molto freddo.
Una bottiglia di whisky serve più di uno specchio, perché . . .
Credo che la radio ci servirà più del fucile.
Secondo me è più sensato portare un fucile nel caso che ci siano dei leoni.
Non sono d'accordo, a che cosa serve la plastica?
Serve a tenerci asciutti.

FARE IPOTESI

Se portassimo un foglio di plastica, potrebbe servire a conservare i biscotti.
Se portassimo del whisky, qualcuno potrebbe berlo di nascosto, il che non è
    giusto.

**Come fare ipotesi
teoriche o irreali**
Se + congiuntivo
imperfetto + condizionale.

Per esempio:
Se portassimo solo un
    fucile, sbaglieremmo di
    grosso.

---

il congiuntivo imperfetto		
portare	credere	finire
portassi	credessi	finissi
portassi	credessi	finissi
portasse	credesse	finisse
portassimo	credessimo	finissimo
portaste	credeste	finiste
portassero	credessero	finissero

Ecco alcuni verbi irregolari:

essere	avere	andare	venire	bere	fare
↓	↓	↓	↓	↓	↓
fossi	avessi	andassi	venissi	bevessi	facessi
ecc.	ecc.	ecc.	ecc.	ecc.	ecc.

il condizionale (presente)		
portare	credere	finire
porterei	crederei	finirei
porteresti	crederesti	finiresti
porterebbe	crederebbe	finirebbe
porteremmo	crederemmo	finiremmo
portereste	credereste	finireste
porterebbero	crederebbero	finirebbero

essere	avere	andare	venire	bere	fare
↓	↓	↓	↓	↓	↓
sarei	avrei	andrei	verrei	berrei	farei
ecc.	ecc.	ecc.	ecc.	ecc.	ecc.

Preparazione

[in due]   **A**   Scegliete due o tre situazioni fra le seguenti e scrivete un dialogo in cui ciascuno difende il suo punto di vista contro gli argomenti dell'altro. Cercate di usare almeno un'ipotesi col **se** in ciascun dialogo.

Prima situazione

Uno di voi vorrebbe fare una gita in campagna domenica prossima. L'altro preferirebbe andare al ristorante, o divertirsi in qualche altro modo. Come si può risolvere il problema?

Seconda situazione

Quest'anno hai deciso di fare un viaggio all'estero, ma il tuo partner non vuole accompagnarti. Come fai a convincerlo?

Terza situazione

Sei sicuro che il film che vuole andare a vedere il tuo amico non ti piacerà. Come fai a convincerlo a scegliere un film diverso che invece ti interessa?

Quarta situazione

A una festa da te organizzata alcuni cominciano a picchiarsi. Hai intravisto uno dei vicini che sbircia attraverso la finestra, e prevedi che probabilmente telefonerà alla polizia. Come fai a convincerlo a non farlo?

[in due o tre]   **B**   Siete abbandonati nel deserto della Leonia. Per fortuna avete una cartina (p. 104) Esaminatela e poi decidete da che parte dovete dirigervi per portarvi in salvo. Avete poca acqua e non avete la macchina.
Per esempio:

> Se andassimo di lì, potrebbe essere pericoloso perché ci sono molti leoni.

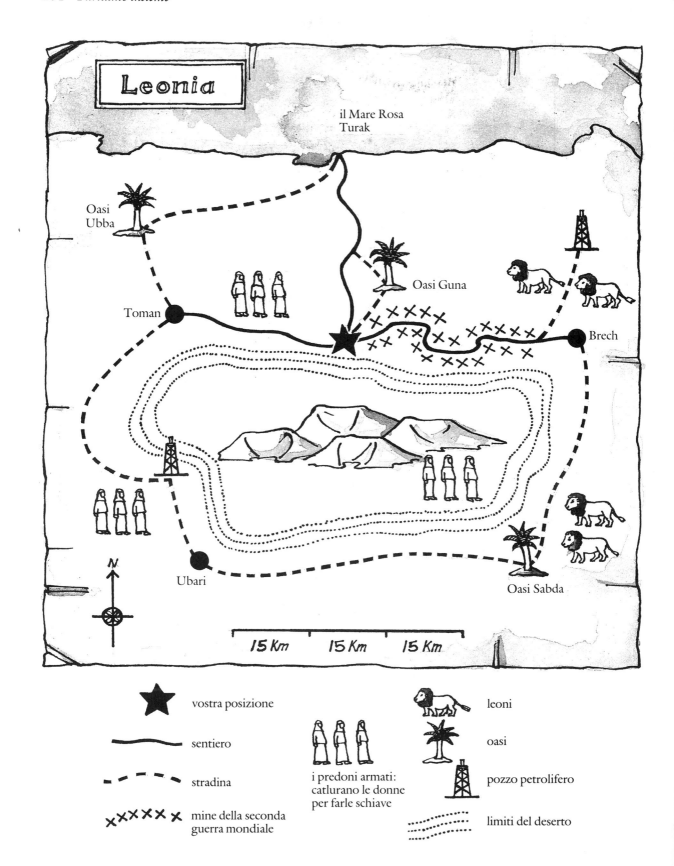

Leonia

il Mare Rosa
Turak

Oasi Ubba

Oasi Guna

Toman

Brech

Ubari

Oasi Sabda

N

15 Km   15 Km   15 Km

★   vostra posizione

leoni

———   sentiero

oasi

- - -   stradina

i predoni armati:
catlurano le donne
per farle schiave

pozzo petrolifero

×××××   mine della seconda
guerra mondiale

⋯⋯   limiti del deserto

Attività   *Abbandonati nel deserto*

[in gruppi di tre o quattro] Sei andato (-a) con un gruppo turistico in Libia per esplorare le parti poco conosciute di quel paese. Siete partiti da Tripoli una settimana fa e adesso siete in viaggio nel deserto tra Edri e Brach. A un tratto scoppia una gomma, il minibus si rovescia, prende fuoco e in pochi minuti è distrutto. Per fortuna tutti i passeggeri sono salvi. Ma che cosa fare adesso, così lontani dal mondo civile? Decidete di vuotare le tasche ed ecco l'elenco dei 15 oggetti rimasti:

> una bottiglietta di compresse di sale
> una scatola di biscotti
> due coperte di lana
> un recipiente con dieci litri di acqua
> quattro letti da campo
> una bottiglia di whisky
> uno specchio
> un metro quadrato di plastica
> un pacchetto di sigarette
> una cassa di pomodori pelati in scatola
> un fucile con sei caricatori
> una piccola radio a transistor
> una latta di petrolio
> un grande telone
> tre zaini vuoti

Lavorando individualmente numerate gli oggetti in ordine descrescente di importanza (cioè 1 per il più utile, 15 per il meno utile). Non discutetene con nessuno.

Poi formate gruppi di 3 o 4 persone e discutete le vostre scelte. Dovete mettervi d'accordo sull'ordine degli articoli. Tentate di convincere gli altri che avete ragione voi, ma quando c'è una ragione migliore non insistete troppo.

A questo punto ogni gruppo presenta a tutti gli altri gruppi l'elenco stabilito.

Seguito scritto

Il vostro viaggio in Libia è stato filmato, e verrà proiettato da una stazione televisiva privata. Scrivete un testo per la colonna sonora illustrando l'episodio e il paesaggio più interessante del viaggio.

21

Non è tutto oro ciò che riluce

Questa simulazione segue lo stesso schema di 'Dal dottor Rusconi' (p. 49).

Strutture

FARE LE PRESENTAZIONI

Dottor Bassani, permetta che le presenti l'avvocato Cevelli, un mio amico.

Gianna, questa è la mia amica Rosa, di cui ti ho già parlato molte volte.
Ciao, Rosa.

Questi sono i miei figli, Roberto, Anna, Bettina e Carlo, il più piccolo.
Ciao, Roberto, ciao, Anna, ciao, Bettina, ciao, Carlo.

OFFRIRE E ACCETTARE COSE DA BERE

Posso offrirle un aperitivo?
Grazie, molto gentile.

Che cosa prende? Un liquore?
Sì, grazie, un amaro.

Beviamo qualcosa?
Grazie, sì. Per me va benissimo un caffè / un aperitivo analcolico.

Ti va di prendere qualcosa al bar?
Grazie, sì, ma offro io questa volta.

PARLARE DEI PROPRI INTERESSI E DI QUELLI DEGLI ALTRI

Sono un appassionato (-a) di calcio / di rugby / di farfalle / di romanzi gialli.
Il mio hobby preferito è collezionare i francobolli.
Non ho un passatempo perché lavoro sempre. Mi piace dormire!
La politica non mi interessa affatto.
Faccio l'odontotecnico / la maestra / la disegnatrice / il giornalista.
È interessante il suo lavoro?
Hai l'occasione di viaggiare, con il tuo lavoro?
Da quanto tempo studia il giapponese?

COME CAMBIARE ARGOMENTO, FAR PARLARE GLI ALTRI

Anche tu hai viaggiato molto in Inghilterra?

Secondo lei, è vero che in tutto il mondo adesso la gente pensa solo ai beni materiali / si preoccupa soprattutto dei beni materiali?

Scusate se cambio discorso, ma avete sentito che hanno scoperto un altro pianeta?

Non capisco proprio perché ci sia stato questo esodo dalla campagna alla città negli anni Cinquanta.

Davvero? Molto interessante, non sapevo, me ne parli ancora.

Sono d'accordo con te, però . . .

Veramente mi interesserebbe saperne di più sugli etruschi.

CHE COSA DIRE DAVANTI A UN OPERA D'ARTE

Che bel vaso! Che bella statuetta! È proprio magnifica, guarda, non ho mai visto niente di simile / non ne ho mai visto una simile.

Chi è l'autore? Un artista famoso?

A che secolo/periodo appartiene?

È un vaso veneziano del Settecento.

Si vede che è un vaso molto prezioso, molto antico.

Preparazione
[in due]

A   Questo esercizio è studiato apposta per aiutarvi a mantenere viva una conversazione. Immaginate di essere a una festa e di sentirvi dire le frasi che trovate qui sotto. Voi dovete prima incoraggiare la persona a continuare, facendole una domanda, e poi aggiungere qualcosa che rifletta la vostra personalità e i vostri interessi.

Per esempio:

⚠ Come mai?   *How come?*

> Non mi piace l'opera lirica.

> Come mai? Credevo che lei andasse spesso alla Scala.

Poi

> Anche a me piacciono i concerti, ma preferisco l'opera. La prima che ho visto è stata la *Carmen*, quando avevo dieci anni.

1   Anche se fa molto freddo qui a Canberra, io non ci faccio caso, perché
    sono nata nell'Ohio, negli Stati Uniti, dove in inverno si gela.
2   Be', con la crisi economica ho dovuto riesaminare tutta la situazione
    aziendale e individuare possibili aree di riduzione del personale.
3   Un'ora prima del colloquio con il direttore sono caduta dalle scale e sono
    rotolata giù per sette gradini! Figuratevi la mia disperazione! C'era
    sangue su tutta la gonna, sulle gambe e sulle mani.
4   In settembre andiamo in Italia. Abbiamo affittato una bella casa vicino a
    Siena.
5   Ho conosciuto il primo ministro in un ristorante molti anni fa.
6   Finora non sono riuscita a trovare un lavoro a Firenze.

> Poi cosa ti è successo?
> *Then what happened to you?*

[in due]   **B**

> **Bello** cambia prima del sostantivo.
> Per esempio: Che bel quadro! Che bella sedia!

	singolare	plurale
maschile	bel	bei
	bell'	begli
	bello	begli
femminile	bella	belle
	bell'	belle

Visitate una bellissima villa veneziana del Settecento e sentite il bisogno di
esprimere la vostra ammirazione per i seguenti pezzi di antiquariato. Usate
bell, **bella**, ecc.
Per esempio:

Che bella poltrona!

1   poltrona   6   cassettone
2   letto   7   arazzi
3   divano   8   scrivania
4   armadio   9   tappeto
5   tappeti   10   tavoli

Poi usate **magnifico** con le stesse parole.

maschile	femminile
magnifico	magnifica
magnifici	magnifiche

[in due] **C** Capitano sempre delle occasioni in cui dovete lodare una cosa, bella o brutta che sia. Scrivete dei dialoghi adatti a queste situazioni:

ottone *brass*
laccata *lacquered*

1 Una vostra amica vi invita a casa per mostrarvi una bruttissima lampada di ottone che ha pagato un sacco di soldi.
2 Un vostro amico vuole ringraziarvi e vi ha mandato un bel libro. Adesso dovete rispondere con un biglietto.
3 Dovete telefonare alla vostra amica per ringraziarla del bellissimo regalo che vi ha mandato per il vostro compleanno.
4 Una vostra amica ha appena comprato un vestito nuovo per un matrimonio e ora vuole la vostra opinione.
5 In ufficio hanno organizzato una festicciola per celebrare i vostri 10 anni di servizio e vi hanno regalato una piccola replica del *David* di Michelangelo. Adesso dovete trovare le parole giuste per ringraziare tutti.
6 Che cosa pensate di questa bellissima console siciliana del Settecento laccata e dorata che trovate nel vostro albergo?

Console siciliana laccata e dorata.

Attività

Non è tutto oro ciò che riluce

PARTI

[in gruppi di quattro]
A John Rockefeller junior, antiquario americano
B Jenny Blunt, ragazza entusiasta alla sua prima visita in Italia
C La contessa Bardini, giovane vedova, elegante e mondana
D Il conte Bardini, suo suocero, nobiluomo affascinante ma mezzo sordo

SITUAZIONE

John Rockefeller e Jenny Blunt sono stati invitati a prendere l'aperitivo dalla contessa Bardini e da suo suocero nella loro stupenda villa in Toscana.

1 Arrivo a Villa Bardini, John Rockefeller presenta Jenny Blunt al conte e alla contessa.
2 Andate tutti in salotto e il conte e la contessa offrono un aperitivo.
3 Chiacchierate seguendo i suggerimenti delle varie parti.
4 Il conte e la contessa fanno visitare agli ospiti la villa e indicano le opere d'arte più preziose, tra cui un busto di Giulio Cesare.
5 La contessa invita gli ospiti a fermarsi a cena.

Parte A: John Rockefeller jr

Sei un ricchissimo antiquario americano, un po' playboy. Vieni spesso in Italia per comprare mobili e oggetti di antiquariato. Ieri sera in una discoteca hai conosciuto una ragazza molto carina e l'hai invitata a venire con te da un'amica, la contessa Bardini. La contessa sta cercando una bambinaia e la ragazza ti ha detto che è in cerca di lavoro. Tu poi speri di fare qualche buon affare con la contessa. Quando arrivi alla villa sei molto galante con la contessa, le fai un sacco di complimenti, chiacchieri di questo e di quello: ti piace parlare degli oggetti che hai comprato e vantare le tue conoscenze importanti. Quando vedi un oggetto prezioso fai molte domande. Ti piace in modo particolare un busto di Giulio Cesare che vuoi assolutamente comprare.

Parte B: Jenny Blunt

Sei molto giovane. È il tuo primo soggiorno in Italia e studi l'italiano all'Istituto Britannico di Firenze. È anche il tuo primo viaggio all'estero e trovi tutto molto interessante, così diverso dal tuo paese e così bello! Ieri sera in una discoteca hai conosciuto un antiquario americano che ti ha invitato ad andare con lui da una sua conoscente, la contessa Bardini, che vive in una bellissima villa. Quando arrivate là, resti incantata. Dici alla contessa che ami l'Italia e che ti piacerebbe restarci più a lungo, ma hai un problema: due settimane fa hai perso la borsetta con dentro un mucchio di soldi e ora devi trovare un lavoro. Sei disposta a fare qualsiasi cosa! Nella villa c'è un busto di Giulio Cesare che tu trovi fantastico.

Parte C: La contessa Bardini

Sei una ricca contessa, vedova, con due figli piccoli: Marco di 5 anni e Domitilla di 3. Tuo marito è morto due anni fa e tu ti stai guardando intorno nella speranza di trovare un altro uomo. Ami viaggiare e vedere paesi esotici. Sei appena tornata da un safari in Africa. Ti piace raccontare agli altri le tue esperienze di viaggio e ti incuriosisce il paese da dove viene la ragazza portata dall'antiquario: vuoi saperne di piu. Quando senti che sta cercando lavoro, le offri un posto di bambinaia per i tuoi bambini. Dato che i tuoi viaggi costano molto, vorresti vendere all'antiquario qualcuno dei tuoi pezzi antichi (porcellane, quadri, mobili, ecc.), e soprattutto quell'orrendo busto di Giulio Cesare di tuo suocero. Alla fine inviti tutti i tuoi ospiti a rimanere a cena.

Parte D: Il suocero della contessa

Sei il suocero della contessa. Sei un vecchio signore molto simpatico, ma dato che sei anche mezzo sordo, chiedi sempre a tutti di ripetere quello che hanno detto. Sei molto orgoglioso della villa e dei suoi terreni che producono vino e un ottimo olio. Non hai mai lasciato la Toscana, ma ti piace sentir raccontare dagli altri dei viaggi all'estero e dei paesi da dove vengono, soprattutto il paese da dove viene la signorina Blunt. Sei molto fiero di tutte le belle cose che possiedi: gli arazzi, i quadri, i candelabri, le statue, e soprattutto il busto di Giulio Cesare che ti è costato una fortuna e che non hai nessuna intenzione di vendere.

Soluzioni

10 Giallo veneziano

Soluzione di 'Un'evasione sensazionale' (p. 54):

La guardia che ha aiutato Taddeo a fuggire è Celso. L'ispettore, dopo aver escluso che l'evaso si sia calato dalla finestra della cella perché ha notato sotto di essa una ragnatela intatta (disegno 4), ha concluso che anche l'indizio dell'orologio trovato ai piedi della muraglia, fermo sulle 11, doveva essere falso, ossia (*that is*) creato per avvalorare la tesi della fuga attraverso la finestra. Perciò, ha subito scagionato (*freed from suspicion*) la guardia Rocco, che aveva prestato servizio fra le 21 e le 24, ossia in quel periodo. Quanto a Sergio, che era di turno per ultimo, non può certamente essere stato lui, non solo perché proprio lui ha dato l'allarme, ma soprattutto perché si sarebbe esposto troppo facilmente ai sospetti, dato che durante i due turni precedenti non era stato notato nulla di anormale. Il complice è quindi Celso: dopo aver fatto fuggire Taddeo, accorgendosi che stava per sopraggiungere (*to arrive*) il vice-direttore, si era infilato (*he had slipped into*) nel letto dell'evaso, in modo che il funzionario non ne notasse l'assenza. Anche Celso ha una calvizie simile a quella di Taddeo (disegni 3, 7 e 9), e questo spiega perché il funzionario non ha notato la sostituzione. Un'ulteriore conferma del ragionamento seguito dall'ispettore sta nel fatto che, durante la visita del vice-direttore, Celso non era con lui (disegno 8).

12 Su con la vita! Un club per la bellezza e per la salute

Soluzione di 'Abbuffata per gastronomi' (p. 63):

Marchesi ne ha mangiate 80, Gault 60, quindi in totale 140.

14 Assassinio sul Nilo: avete un alibi?

Soluzione di 'Rapina a Milano' (p. 77):

Perché ha notato che lo specchietto retrovisivo è voltato verso la parte opposta del posto del guidatore. Dante deve averlo spostato così per non essere abbagliato dai fari delle auto che lo seguivano: ciò dimostra che egli ha viaggiato di notte e non di giorno, come invece ha dichiarato.

Soluzione di 'Assassinio sul Nilo' (p. 80):

Jacqueline de Belleforte e Simon Doyle sembrano avere un alibi perfetto, ma in realtà hanno premeditato e studiato tutti i particolari dell'omicidio prima ancora di salire sul battello. Simon non amava Linnet, ma vedeva nell'amore di lei un modo di diventare ricco. Non volendo rinunciare all'amore di Jacqueline, ha escogitato con lei tutto il piano. Nel salone del battello Jacqueline ha finto di sparare a Simon ma in realtà ha mancato il bersaglio e Simon ha finto di essere ferito a una gamba usando un fazzoletto macchiato di inchiostro rosso. Nei cinque minuti tra la partenza degli altri e l'arrivo del dottore, Simon ha scavalcato la murata, si è calato sul ponte dove c'era la cabina di Linnet, l'ha uccisa con la propria pistola, ha messo la boccetta dello smalto vicino al lavabo, e ha gettato la pistola dall'oblò. Poi è tornato nel salone, ha raccolto la pistola usata da Jacqueline, si è sparato alla gamba e ha gettato la pistola di nuovo sotto il divano. Quando è arrivato il dottore la sua ferita era vera.

Prima che Linnet venisse uccisa, Tim Atherton ha rubato le perle e le ha sostituite con una collana falsa che gli era stata mandata dalla sua complice Joanne Southwood dentro un libro. Il signor Ricchetti è un assassino di professione e il telegramma, scritto in codice, gli diceva le quantità delle armi e dove le avrebbe trovate.